北京博物馆
导览

The Beijing Museum Guide

北京市文物局 编

文物出版社

图书在版编目(CIP)数据

北京博物馆导览 / 北京市文物局编. -- 北京：
文物出版社,2024.3
ISBN 978-7-5010-8287-2

Ⅰ.①北... Ⅱ.①北... Ⅲ.①博物馆－介绍－北京－
手册 Ⅳ.①G269.271-62

中国国家版本馆CIP数据核字(2023)第234215号

北京博物馆导览

编　　者　北京市文物局
责任编辑　陈　峰
装帧设计　姬真雨　张　裕
责任印制　王　芳
出版发行　文物出版社
社　　址　北京市东城区东直门内北小街2号楼
邮　　编　100007
网　　址　http://www.wenwu.com
经　　销　新华书店
制　　版　北京易元数科文物艺术品产业发展研究院
印　　刷　鑫艺佳利(天津)印刷有限公司
开　　本　965mm x 1270mm　1/32
印　　张　8.625
版　　次　2024年3月第1版
印　　次　2024年3月第1次印刷
书　　号　ISBN 978-7-5010-8287-2
定　　价　88.00元

北京博物馆导览
编委会

亲爱的朋友：

《北京博物馆导览》与您见面了。

它涵盖北京16个行政区和经济技术开发区的七大类别213家博物馆的信息，包括97家历史文化类，45家艺术类，28家自然科技类，20家革命纪念类，6家综合地志类，5家考古遗址类和12家其他类型博物馆。《北京博物馆导览》（以下简称《导览》）呈现了北京博物馆的宏美多姿，有红墙碧瓦的古代建筑，有动感现代的科技大厦，也有古朴雅致的老北京四合院……对于诸多免费的博物馆，开放至晚间的博物馆，我们在《导览》中设计了显著标识，便于您快速获取信息。

《导览》重点介绍了各博物馆及镇馆之宝，还提供了博物馆2公里半径内的景点、商圈、文化设施信息。愿您在沉浸博物馆文化之余，发现北京时尚与休闲的另一面。《导览》中各板块图文互释，一目了然，为您制定出行计划节约宝贵时间。

作为全国文化中心和国际交往中心，北京通过建设"博物馆之城"，推进文明交流互鉴，热情欢迎全国和世界各地的友人相聚北京，在博物馆中体味独特的首都文化。

希望这本《导览》开启您的博物馆之旅，与北京来一场美妙的邂逅。

北京市文物局

2024年3月

Dear friends,

The Beijing Museum Guide, opens your gateway to an extraordinary journey.

This comprehensive *Guide* showcases 213 museums spread across the 16 administrative districts and economic-technological development areas of Beijing.It includes detailed information on seven major categories of museums: 97 dedicated to history and culture, 45 focused on art, 28 specializing in natural sciences and technology, 20 dedicated to revolutionary memorials, 6 encompassing comprehensive chorographic studies, 5 centered on archaeological sites, and 12 others with unique themes. From the timeless allure of ancient architecture with red walls and green tiles to the cutting-edge allure of modern technological marvels, and the charming simplicity of traditional Beijing courtyards, our *Guide* showcases the diverse tapestry of Beijing's museum scene.

Our *Guide* is your go-to resource for discovering the most significant cultural treasures in the museums. It also offers details about nearby attractions, iconic local landmarks, shopping areas, and cultural spots within a 2-kilometer radius of the museums. While you explore the vibrant museum scene, we invite you to experience another side of Beijing - its modern life and leisure spots. With clear graphics and easy-to-follow text in each section, our *Guide* respects your valuable time in making travel plans.

As Beijing strides forward as a global metropolis, by building a "Museum City" and promoting cultural exchange, we invite visitors from around the world to immerse themselves in the unique cultural tapestry of the capital within its museums.

Embark on a museum journey and discover the heart of Beijing.

Beijing Municipal Cultural Heritage Bureau

March 2024

编制说明

一、 博物馆统计范围：北京市213家博物馆，其中备案博物馆186家，类博物馆27家。

二、 博物馆统计时间：截止到2023年12月31日。

三、 博物馆排列顺序：

（一）备案博物馆的排列以博物馆备案时间为序；

（二）类博物馆的排列以挂牌时间先后为序，并标明星号。

四、 免费博物馆中的特展、临展门票以博物馆公告为准。

五、 图例：

◎ 博物馆地址

◷ 博物馆开馆、闭馆时间

☏ 博物馆联系电话

◠ 博物馆周边景点

🛒 博物馆周边商圈

🖵 博物馆周边文化设施

六、 博物馆更多信息详见博物馆官方网站或微信公众号。

CONTENTS

东城区 DONGCHENG DISTRICT

东城区 DONGCHENG DISTRICT

西城区 XICHENG DISTRICT

朝阳区 CHAOYANG DISTRICT

朝阳区 CHAOYANG DISTRICT

石景山区 SHIJINGSHAN DISTRICT

海淀区 HAIDIAN DISTRICT

门头沟区 MENTOUGOU DISTRICT

通州区 TONGZHOU DISTRICT

昌平区 CHANGPING DISTRICT

怀柔区 HUAIROU DISTRICT

PINGGU DISTRICT 平谷区

密云区 MIYUN DISTRICT

经济技术开发区
ECONOMIC-TECHNOLOGICAL DEVELOPMENT AREA

东城区博物馆

Dongcheng District

故宫博物院
The Palace Museum

故宫博物院成立于 1925 年 10 月 10 日，是在明清皇宫及其收藏基础上建立起来的大型综合性博物馆。故宫于 1961 年被国务院列为第一批"全国重点文物保护单位"，1987 年被联合国教科文组织列入"世界遗产名录"。故宫博物院于 2007 年被评为国家 5A 级旅游景区，2008 年被评为首批国家一级博物馆。

故宫博物院占地 100 余万平方米，故宫保存古建筑 9000 余间，是我国现存规模最大、保存最完整的古代宫殿建筑群。其前身是明清皇宫紫禁城，于明永乐十八年（1420 年）建成，明清两代共有 24 位皇帝居住于此。1912 年溥仪退位后，紫禁城作为皇宫的历史就此终结。

故宫博物院院藏文物体系完备，现有藏品总量 186 万余件（套），依据不同质地和形式，可分为绘画、法书、碑帖、铜器、金银器等 25 大类。故宫博物院通过明清皇家宫殿建筑，宫廷史迹原状陈列，珍宝、钟表、书画、陶瓷、雕塑等艺术藏品常设展览，另有临时特展等多种方式向公众展现悠久灿烂的中华文明。

📍 **北京市东城区景山前街4号**
No. 4 Jingshan Front Street, Dongcheng District, Beijing

🕐 **4月1日-10月31日**
08:30-17:00，16:10停止入馆
11月1日-次年3月31日
08:30-16:30，15:40停止入馆
每周一例行闭馆（法定节假日除外）

📞 400-950-1925

🏛 中山公园 (1公里内)
景山公园 (1公里内)

🛒 王府井商圈 (2公里内)

📋 中国儿童艺术剧院 (1公里内)
国家大剧院 (2公里内)

青玉大禹治水图山子

清乾隆，高 224 厘米，宽 96 厘米，座高 60 厘米，重 5000 千克。
用料为青玉。玉上雕成峻岭叠嶂，瀑布急流，遍山古木苍松，洞穴深秘。山崖峭壁上，劳动人民在开山治水，此景即用夏禹治水之故事。底座为嵌金丝山褐色铜铸座。目前安放在宁寿宫乐寿堂内。

中国国家博物馆
National Museum of China (NMC)

综合地志类 Chorography　免费 Free

中国国家博物馆是代表国家收藏、研究、展示、阐释中华文化代表性物证的最高历史文化艺术殿堂，负有留存民族集体记忆、传承国家文化基因、促进文明交流互鉴的重要使命，也是国家文化客厅。

中国国家博物馆的前身可追溯至 1912 年成立的"国立历史博物馆"筹备处，至今已走过了一百多年的光辉历程，积淀了深厚的历史文化底蕴。2012 年，中国国家博物馆改扩建完成并正式对外开放，建筑面积增加到近 20 万平方米、拥有 48 个标准展厅，是世界上单体建筑面积最大的现代化综合性博物馆。

中国国家博物馆现有藏品数量 143 万余件，藏品系统完整，历史跨度巨大，材质形态多样，具有独特鲜明特点，充分展现和见证中华 5000 多年文明的血脉绵延与灿烂辉煌。

中国国家博物馆举办展览最多、结构均衡，陈列展览丰富多样、异彩纷呈，形成了以基本陈列为基础，专题展览为骨干，每年推出的数十个临时展览和巡展为支撑的立体化展览体系，成为世界上独一无二的中华文化展示窗口，社会美誉度不断提升，迈入世界上最受观众欢迎的博物馆前列，"到国博看展览"成为一道亮丽的风景线。

📍 北京市东城区东长安街16号天安门广场东侧
East of Tiananmen Square, No. 16, East Chang'an Street, Dongcheng District, Beijing

🕘 **09:00-17:00**
16:00停止入馆
每周一例行闭馆（法定节假日除外）

📞 010—65116400

⛰ 天安门广场（500米内）
北京坊（1公里内）

🛒 王府井商圈（2公里内）

📋 国家大剧院（1公里内）
劳动人民文化宫（1公里内）

"后母戊"青铜方鼎

此鼎造型方正，形体巨大，显得雄伟庄重。鼎身四壁沿周缘及足部装饰饕餮纹，鼎耳上部装饰鱼纹、外侧装饰虎食人纹。鼎重 832.84 千克，是目前已知中国古代最重的青铜器，代表了商代青铜冶铸工艺的最高水平。

中国美术馆
National Art Museum of China

　　中国美术馆是中国唯一的国家造型艺术博物馆。1958年开始兴建，1963年由毛泽东主席题写"中国美术馆"馆额并正式开放，是新中国成立以后的国家文化标志性建筑。主体大楼为仿古阁楼式，黄色琉璃瓦大屋顶，四周廊榭围绕，具有鲜明的民族建筑风格。主楼建筑面积18000多平方米，一至六层楼共有21个展览厅，展览总面积6660平方米；建筑周边有3000平方米的展示雕塑园；1995年建现代化藏品库，面积4100平方米。

　　中国美术馆集展览、收藏、研究、公共教育、国际交流、艺术品修复、文创产业于一体，是中国美术最高殿堂，也是公共文化服务平台。中国美术馆的事业蓬勃发展得益于政府支持及文化和旅游部的直接领导，政府设立了专项收藏资金，为美术馆收藏艺术珍品奠定了良好基础，而一些艺术家、收藏家出自社会使命感和把艺术奉献大众的信念，向国家无私捐献，为中国美术馆藏品提供了更为丰富的资源。

📍 北京市东城区五四大街一号
No.1 Wusi Street, Dongcheng District, Beijing

🕘 **09:00-17:00**
16:00停止入馆
每周一例行闭馆（法定节假日除外）

📞 **010—64011816**

🏞 皇城根遗址公园（500米内）
新青年编辑部旧址（1公里内）

🛒 王府井商圈（2公里内）

📄 北京嘉德艺术中心（500米内）
北京人民艺术剧院（500米内）

李可染《万山红遍 层林尽染》

此画是根据毛泽东诗词《沁园春·长沙》所作。李可染喜读毛主席诗词，并从那激越豪迈的诗里领略山水画的境界。此画是据"万山红遍，层林尽染"句意再造了一个艺术世界，在黑红对比中写南国深秋景色，带有理想化的诗意色彩。

国家自然博物馆

National Natural History Museum of China

自然科技类 Natural Science **免费** Free

　　国家自然博物馆位于北京市东城区天桥南大街126号，坐落于首都南城中轴线上的天桥地区，是中国唯一的国家级、综合性自然博物馆，代表国家保护、研究、收藏、阐释和展示自然物以及人类社会发展过程中具有历史、科学和艺术价值的自然遗产。国家自然博物馆的前身可追溯至1951年4月的中央自然博物馆筹备处。1958年5月现址主体建筑落成，由时任中国科学院院长郭沫若题写馆名。1959年1月开馆，是新中国依靠自己的力量筹建的第一座大型自然历史博物馆。1962年1月定名为北京自然博物馆。2023年1月更名为国家自然博物馆。2023年6月5日，国家自然博物馆在北京正式揭牌。目前是中国自然科学博物馆学会自然历史博物馆专业委员会主任单位，为全国科普教育基地、全国青少年科技教育基地，为首批国家一级博物馆。

　　国家自然博物馆主要从事古生物、动物、植物和人类学等领域的标本收藏、科学研究和科学普及工作。目前总建筑面积2.3万平方米，馆藏藏品逾40万件。国家自然博物馆是博士后招收主体单位。科研团队在国际顶级期刊《Nature》《Science》累计发表论文10余篇，尤其是在古生物研究领域取得多项重要发现，多次荣获北京市科学技术奖等奖项。

📍 **北京市东城区天桥南大街126号**
No. 126, South Tianqiao Street, Dongcheng District, Beijing

🕐 **09:00-17:00**
16:30停止入馆
每周一例行闭馆（法定节假日除外）

📞 010—67027702
010—67024431

🏛 天坛公园（1公里内）

📑 天桥艺术中心（500米内）
德云社天桥剧场（1公里内）

中华侏罗兽

　　发现于距今1.6亿年前的辽宁省建昌县晚侏罗世地层，属于原始的真兽类动物，具有5颗前臼齿，3颗臼齿。根据牙齿特征判断中华侏罗兽是已经具有了胎盘的哺乳动物，是目前世界上发现最早的有胎盘哺乳动物。

北京古观象台
Beijing Ancient Observatory

自然科技类
Natural Science

¥ 收费
Charge

北京古观象台始建于 1442 年（明正统七年），是明清两代的皇家天文台，世界上古老的天文台之一，以建筑完整和仪器配套齐全而在国际上久负盛名。北京古观象台隶属于北京天文馆，是国家重点文物保护单位，台顶展出的玑衡抚辰仪、赤道经纬仪、纪限仪等八件古天文仪器是国家一级文物，以体型巨大、造型美观、雕刻精细闻名于世，堪称中国天文国宝。台下院落主体是一套明代四合院，正殿紫微殿和东西厢房内陈列着"中国古代天文学"展览，包括"中国星空""西学东渐"和"灵台仪象"三个主题展区。院内陈列着由元代著名天文学家郭守敬制造的正方案（复制品）、铜制明代浑仪和简仪的原大复制品、日晷、圭表、玲珑仪、汉代画像石及天文学家铜像等。

北京古观象台不仅是中国古代天文学的代表遗存，也是中国古代建筑、冶金铸造、机械工艺重要遗存，同时，它还是中西文化交流的重要阵地，收藏了最完整的欧洲古典天文仪器。

◎ 北京市东城区建国门内大街东裱褙胡同2号
No. 2 Dongjianbang Hutong, Jianguomennei Street, Dongcheng District, Beijing

🕐 09:00-16:30
16:00停止入馆
每周一例行闭馆（法定节假日及寒暑假除外）

📞 010—65265010

🏛 北京明城墙遗址公园（1公里内）
日坛公园（2公里内）

🛒 东单商圈（2公里内）

📋 长安大戏院（500米内）

玑衡抚辰仪

玑衡抚辰仪由德国耶稣会士戴进贤等人于 1744 年制造，重 5145 千克，高 3.379 米。它的主要功能是测量太阳时以及天体的赤道坐标。玑衡抚辰仪的制造与乾隆皇帝对古观象台的一次视察有关，它是中国最后一架大型青铜仪器。

雍和宫藏传佛教艺术博物馆
Yonghe Palace Tibetan Buddhist Art Museum

历史文化类 Historical Culture

¥ 收费 Charge

雍和宫藏传佛教艺术博物馆位于北京市东城区雍和宫大街 12 号。雍和宫是北京地区现存最大的藏传佛教寺院，建造于清康熙四十年（1701 年），原为雍正皇帝即位前的府邸，乾隆九年（1744 年）改建为藏传佛教格鲁派寺院。

1961 年，雍和宫被列为第一批全国重点文物保护单位，1981 年雍和宫作为宗教活动场所正式对社会开放，1995 年雍和宫被北京市文物局登记注册为"雍和宫藏传佛教艺术博物馆"，集宗教场所、旅游景点、博物馆功能于一身。雍和宫藏传佛教艺术博物馆馆藏文物众多，主要包括古建筑、碑刻等不可移动文物和佛像、唐卡、法物法器等可移动文物。目前，雍和宫常设展览有"雍和宫铸牢中华民族共同体意识专题展"和"慧海瑞相——雍和宫法物法器展"。

📍 北京市东城区雍和宫大街12号
No. 12 Yonghegong Street, Dongcheng District, Beijing

🕐 夏秋季：4月1日至10月31日
09:00-17:00，16:30停止入馆
冬春季：11月1日至3月31日
09:00-16:30，16:00停止入馆

📞 010—84191906
010—84191907

⛲ 地坛公园（1公里内）
柏林寺（1公里内）

🛒 北京簋街（2公里内）

📑 东城区图书馆（2公里内）

清乾隆金奔巴瓶

金奔巴瓶为乾隆五十七年（1792 年）御制，是藏传佛教活佛转世金瓶掣签时使用的法器。为进一步完善藏传佛教大活佛转世管理，乾隆皇帝特命制作两个金瓶，一个送往西藏大昭寺，以备确认达赖、班禅和西藏其他各大活佛转世灵童掣签之用；一个置于北京雍和宫，供内外蒙古及青海、甘肃等地的活佛转世灵童掣签之用。

北京文博交流馆(北京市智化寺管理处)

The Beijing Museum for Cultural Heritage Exchanges (Beijing Zhihua Temple Management Office)

历史文化类
Historical Culture

收费
Charge

　　北京文博交流馆(北京市智化寺管理处)成立于 1992 年,是一座以智化寺为馆址的古建类博物馆,承担着保护和展示智化寺古建筑和智化寺京音乐两项文化遗产的职能。

　　智化寺建成于明正统九年(1444年),为明英宗时期司礼监太监王振所建,是北京市内保存规模较大的明代木结构建筑群。目前中轴线上的建筑保存基本完整,共四进院落,现存主要建筑的梁架结构、天花彩画等,具有典型的明代特点,上有接近宋元的做法,下有靠近清代的形制,智化寺为研究明代建筑乃至宋元建筑的发展提供了重要实物例证,在建筑学上具有非常高的研究价值。智化寺于 1961 年被国务院列为第一批全国重点文物保护单位。

　　智化寺京音乐在智化寺内按代传承,至今已 570 多年,传至第二十七代传人。其曲调庄重典雅、曲谱珍贵神秘、曲牌古老丰富、传承严谨有序,被誉为中国古代音乐的"活化石",具有重要的历史价值、学术价值和艺术价值。智化寺京音乐于 2006 年被国务院列入第一批"国家级非物质文化遗产名录"。

📍 北京市东城区禄米仓胡同5号
No. 5 Lumicang Hutong, Dongcheng District, Beijing

🕘 09:00—17:00
16:30停止入馆
每周一例行闭馆(法定节假日除外)
京音乐演出时间:开放日每天两场
10:00-10:20
15:00-15:20 演出地点智化殿

📞 010—65286691

🏞 日坛公园 (2公里内)

🛒 朝阳门商圈 (1公里内)

📑 禄米仓新视听产业园 (500米内)
史家胡同博物馆 (1公里内)

智化寺转轮藏

智化寺转轮藏是北京地区保留至今的唯一一具明代转轮藏,由汉白玉须弥座、木质八面经橱及顶部的毗卢遮那佛三部分组成。经橱抽屉上书写有千字文,便于经书检索。其经柜表面有兰札体梵文,转角柱雕刻有六挐具装饰,具有浓郁的藏传佛教风格。转轮藏以独具匠心的布局设计、雕刻彩绘的精美华丽而著称,充分体现出奇工巧匠的高超技艺,是我国古建筑的艺术瑰宝。

北京明城墙遗址公园（博物馆）

Ming Dynasty Wall Relics Park（Museum）

历史文化类 Historical Culture　**收费** Charge

　　北京明城墙遗址公园（博物馆）是一座充分体现北京城垣文化的主题公园，占地 15.5 公顷，其间巍峨耸立着绵延 1.5 公里的北京内城城墙，始建于 1419 年，并于 2013 年成为全国重点文物保护单位。与其相连的城东南角楼是北京唯一的、全国规模最大的城垣转角箭楼，于 1982 年被列为全国重点文物保护单位。京奉铁路正阳门东车站信号所 2012 年列为东城区登记文物。

　　为保护文化遗产、再现古都风貌、改善首都环境，2001 年市委、市政府决定彻底整治周边环境，腾退居民，抢修城墙，建设公园。景区在规划设计上以保护文化遗产为出发点，深入挖掘文化内涵，共建有"古楼新韵""老树明墙""残垣漫步"三处景区，以及铺舍、马道、京奉铁路信号所等 13 处景点。在植物配置以及园路设计上将文化内涵的塑造和生态环境的建设进行有机结合，构造了一个沧桑古朴、简洁宁静、大气磅礴、历史与自然和谐统一的独特环境，使之成为反映古都北京历史风貌的重要标志。

东城区 Dongcheng District

📍 **北京市东城区崇文门东大街9号**
No. 9 Chongwenmen East Street,
Dongcheng District, Beijing

🕐 **08:30-17:00**
16:30停止入馆
每周一例行闭馆（法定节假日除外）

📞 **010—65270574**

🏞 东单公园（1公里内）

🛒 王府井商圈（2公里内）

📄 东城区第二文化馆（1公里内）
长安大戏院（1公里内）

文天祥祠
Memorial Temple of Wen Tianxiang

历史文化类
Historical Culture

￥ 收费
Charge

东城区

Dongcheng District

　　文天祥祠始建于明洪武九年（1376年），是为纪念南宋民族英雄文天祥而立。由北平按察副使刘松发起创建，永乐六年（1408年）正式列入国家祭祀项目，由顺天府尹奉皇帝之命，主持隆重的祭典。文祠现存前后两个院落，前院整面东墙镶嵌着明代书法家文徵明所书《正气歌》刻石，气势恢宏凝重。前院过厅主要是文天祥生平展，后院堂屋供奉有文天祥像。

　　文天祥祠于1984年10月正式对外开放，1992年定为区爱国主义教育基地，2008年被授予北京市社会大课堂资源单位，2013年定为全国重点文物保护单位。2017年被授予东城区官德教育基地，2020年被授予北京市廉政教育基地。

📍 北京市东城区交道口街道府学胡同63号
No. 63 Fuxue Hutong, Jiaoda-ok_x005f ou Street, Dongcheng District, Beijing

🕐 09:30-17:00
16:30停止入馆
每周一例行闭馆

📞 010—64014968

🏛 段祺瑞执政府旧址（500米内）
南锣鼓巷（1公里内）

📋 东城区文化馆（1公里内）

李邕书云麾将军李秀断碑残柱础

唐天宝元年（742年）灵昌郡太守李邕撰并书，础石现存两枚，上圆下方，直径40厘米。二石首行均漫漶不清，依稀可见"七叶""宸翰赐"字样。前础残存行楷13行，满行13字，后础残存行楷12行，满行12字。

北京市钟鼓楼文物保管所
Beijing Repository of Cultural Relics in Drums and Bells Building

历史文化类 Historical Culture ￥ 收费 Charge

北京市钟鼓楼文物保管所位于古都北京南北中轴线的最北端。钟鼓两楼前后纵置，气势雄伟，巍峨壮观。钟鼓楼始建于元代，曾为元、明、清三代的报时中心，向古都报送标准的"北京时间"。现为全国重点文物保护单位。

鼓楼初名"齐政楼"，现存建筑重建于明代，通高46.7米，三重檐，歇山顶，上覆灰瓦绿琉璃剪边，是一座砖木结构的大型单体古代建筑。鼓楼二层现有25面复制的更鼓陈列及中国古代计时器具展。鼓楼一层"时间的故事"展览融合新型的沉浸式数字展览和丰富的交互体验，展现出北京中轴线的庄严与浪漫，让古老的遗产焕发出新的生机。

钟楼位于鼓楼北100米处，现存建筑重建于清乾隆年间，通高47.9米，重檐歇山顶，上覆黑琉璃瓦绿琉璃剪边，是一座全砖石无梁拱券式结构的大型单体古代建筑。钟楼二层悬挂着明永乐年间铸造的报时铜钟，重约63吨，被誉为"古钟之王"。

东城区 Dongcheng District

📍 北京市东城区钟楼湾胡同临字9号
No.9 Linzi, Zhonglouwan Hutong, Dongcheng District, Beijing

🕐 淡季10月26日-3月25日
09:30-16:30
旺季3月26日-10月25日
09:30-17:30
每周一钟鼓楼一层展厅闭馆(法定节假日除外)

📞 010—84027869

🚇 南锣鼓巷 (1公里内)
什刹海 (1公里内)

🛒 什刹海商圈 (500米内)

📋 北京儿童艺术剧院 (1公里内)
南锣剧场 (1公里内)

永乐大钟

北京钟楼现在悬挂的永乐大钟重达63吨，明朝永乐年间铸造，钟下外沿侧面铸有"大明永乐年月吉日制"，被誉为中国的"古钟之王"。大钟的中心线与中轴线重合，突出了永乐大钟定鼎之位的重要性。钟体总高5.55米，钟口直径3.4米，钟壁厚0.12—0.245米，钟体高大呈圆状，声音洪亮。

茅盾故居

Mao Dun Former Residence

革命纪念类
Revolutionary Memorials

免费
Free

茅盾故居位于北京市东城区后圆恩寺胡同13号，胡同东口是交道口南大街，西口紧邻南锣鼓巷，交通便捷。

1974年到1981年，在这座两进式的四合院里，茅盾先生渡过了最后7年的时光。他逝世后经中央批准，于1985年辟为"茅盾故居"纪念馆。其卧室、起居室、工作室、会客室一切陈设全为旧物，保留原貌。另设前院的北、东、南房三处展厅，举办"茅盾生平展"，向公众开放。自2008年起茅盾故居响应国家号召，免费向公众开放直至今日。

茅盾故居以参观《茅盾生平展》为主题，同时还具有教育与旅游相结合的功能，风格鲜明、内涵丰富，充分反映红色历史、红色精神、赓续红色基因，讲好中国故事。

📍 北京市东城区后圆恩寺胡同13号
No. 13 Rear Yuan'ensi Hutong, Dongcheng District, Beijing

🕐 **09:00-16:00**
15:30停止入馆
每周一例行闭馆

📞 010—84619059

🏞 南锣鼓巷（500米内）
肃宁伯府（1公里内）

🛒 什刹海商圈（1公里内）

📄 北京儿童艺术剧院（500米内）
南锣剧场（500米内）

茅盾像

汉白玉，建成于1981年。

老舍纪念馆
Lao She Memorial

革命纪念类
Revolutionary Memorials

免费
Free

1950年初，老舍先生买下位于现北京东城区丰富胡同19号的一所普通小四合院，在这里生活了16年，写下了新中国成立后的全部作品。1984年，老舍故居被列为市文物保护单位。1999年，老舍纪念馆在老舍故居基础上建成并对外开放。2008年3月起，老舍纪念馆实现全面免费开放，2020年5月起实行预约参观。

老舍纪念馆为北京市市级文物保护单位，被列入北京市第一批革命文物。建馆以来，老舍纪念馆以保护故居和藏品、征集和研究藏品资料、举办临时展览活动、广泛开展社会教育等为基本工作任务，紧紧围绕"老舍生平与创作成就"这个主题开展工作。

老舍纪念馆占地约400平方米，固定陈列包括老舍故居原状陈列和生平陈列两个部分。原状陈列展现老舍先生当年的生活原貌，包括老舍的写作间兼卧室，曾接待各方人士来访的客厅以及夫人胡絜青的画室兼卧室。院内东、西厢房现为展室，固定展览"走近老舍"通过大量珍贵的图书、照片、手稿以及生前使用物品，向观众展示老舍先生的生平与创作历程。

📍 **北京市东城区丰富胡同19号**
No. 19 Fengfu Hutong,
Dengshikou West Street,
Dongcheng District, Beijing

🕘 **09:00—17:00**
16:30停止入馆
每周一、除夕至大年初二例行闭馆

📞 010—65599218

⛰ 景山公园（1公里内）
北海公园（1公里内）

🛒 王府井商圈（500米内）

🏛 中国儿童艺术剧院（500米内）
北京人民艺术剧院（500米内）

长诗《剑北篇》

老舍纪念馆一级文物。记载老舍赴西北慰问抗日战士路程见闻的诗集。老舍说它"为名胜古迹，山山水水，留下动人的形象。而一切景物，一切的人与事，又都围绕'抗战'这一中心"。《剑北篇》里有对祖国的赤诚、对抗日军民的赞颂和对侵略者的愤怒，同时，对当时的陕甘宁边区也有所描述。1942年5月出版。

保利艺术博物馆
Poly Art Museum

艺术类
Art

收费
Charge

保利艺术博物馆于 1998 年 12 月经北京市文物局正式批准成立，1999 年 12 月对外开放，是中国首家由国有重点骨干企业出资兴建的文化艺术类博物馆。以弘扬中华民族优秀传统文化艺术、抢救保护流失海外的中国珍贵文物、推进企业文化建设为宗旨，秉持"精、珍、稀"原则，20 多年来，自海外抢救大量珍贵流失文物，最终形成了三个重要的展览序列——"中国古代青铜艺术精品陈列""中国古代石刻佛教艺术精品陈列""圆明园兽首铜像专题陈列"，并于 2021 年由国务院国资委评为"首批中央企业爱国主义教育基地"。

保利艺术博物馆已被海内外博物馆界普遍称誉为"中国大陆最具现代化水准的博物馆之一"，已跻身中国著名博物馆行列。多位党和国家领导人都曾先后到馆参观，均给予保利艺术博物馆以高度评价。保利艺术博物馆已成为中国企业博物馆的龙头和标尺。

2007 年，保利艺术博物馆迁入新保利大厦，特聘国际建筑界权威美国 SOM 公司为博物馆量身设计，使新馆的各项设备、设施都达到国际一流水平。新馆增设临时展厅，定期推出国内外各类艺术精品展览。

📍 北京市东城区朝阳门北大街1号新保利大厦云楼9层
9th Floor, Yunlou, New Poly Building, No.1 Chaoyangmen North Street, Dongcheng District, Beijing

🕐 09:00-17:00
16:30停止入馆
每周日及法定节假日例行闭馆

📞 010—65008117

🚇 南新仓（500米内）

🛒 三里屯太古里（2公里内）

📋 保利剧院（500米内）
史家胡同博物馆（2公里内）

神面卣

这件卣，为目前所见造型和装饰最怪异、艺术水平最高的一件之一。盖与身两面皆为神面，给人以摄人魂魄之感。专家认为，卣上的神面就是当时人们心目中最高的神——天帝，而龙、枭、貘等是"天帝"属下掌管各方的神怪。

北京警察博物馆
Beijing Police Museum

历史文化类
Historical Culture

免费
Free

北京警察博物馆，位于北京市东城区东交民巷 36 号，这里曾是东交民巷使馆建筑群中的花旗银行旧址，如今已为全国重点文物保护单位。2001 年 7 月开馆，建筑面积 2500 余平方米，展出面积 2000 余平方米。以其深厚的历史底蕴和独特的文化内涵，吸引着无数游客的目光。

博物馆内共设四层展厅，每一层都承载着不同的历史记忆和文化内涵。馆内独具匠心地采用编年史与重大专题相结合的展陈方式，让每一位参观者都能身临其境地感受到北京公安在各个历史时期所经历的辉煌与艰辛。这里不仅是展现北京公安光荣历史与文化的重要窗口，更是一个弘扬优良传统和新时代北京公安精神的红色文化阵地。

北京警察博物馆免费对外开放，为广大民众提供了一个深入了解公安文化、领略公安风采的出色平台。它荣获了北京市和东城区爱国主义教育基地的殊荣，被誉为首都文明服务示范窗口、北京市青少年学生校外活动基地、北京市中小学生社会大课堂资源单位。

📍 **北京市东城区东交民巷36号**
No. 36 Dongjiaomin Alley,
Dongcheng District, Beijing

🕘 **09:00-16:00**
15:30停止入馆
每周一例行闭馆

📞 010—85225018

🏞 北京市劳动人民文化宫 (1公里内)

🛒 王府井商圈 (2公里内)

📄 国家大剧院(2公里内)

开国大典公安人员工作证件

这件佩条是新中国开国大典时公安保卫人员的工作证件，中间印有"工作人员"四个红字，底部盖有"中华人民共和国中央人民政府成立庆祝大会筹委会"长方形印章。当时只有佩戴这种证件，才能登上天安门城楼执行警卫任务。

北京自来水博物馆
Beijing Waterworks Museum

自然科技类
Natural Science

免费
Free

北京自来水博物馆始建于 2000 年，是由北京市自来水集团出资兴办的行业性博物馆。2009 年，集团在清末自来水厂旧址的基础上，重新规划、设计、扩建了博物馆，并于 2016 年 3 月 22 日正式对外开放。博物馆分为科普馆、通史馆、印章展和清末自来水厂旧址（暂缓开放）四个展示区域，占地面积 30000 平方米，是一座集文物收藏、展陈、保护、研究、教育功能于一体的综合性博物馆，也是宣传节约用水、科学用水的重要阵地，为广大市民提供了一个全面感受北京自来水百余年历史文化、了解水资源现状、城市供水安全和自来水制水工艺的现代化科普教育平台。

北京自来水博物馆被授予"全国科普教育基地""国家水情教育基地""全国计量文化和科普资源创新基地""北京市青少年节水教育宣传基地""北京市中小学生社会大课堂资源单位""北京市节水护水志愿服务站"等称号；清末自来水厂旧址被列为北京市文物保护单位，入选首批《中国工业建筑保护名录》和《北京优秀近现代建筑保护名录》。

📍 北京市东城区东直门外香河园街3号
No. 3 Xiangheyuan Street, Dongzhimenwai, Dongcheng District, Beijing

🕐 **09:00-16:00**
15:30停止入馆
每周一、周二例行闭馆

📞 010—64650787

⛲ 地坛公园（2公里内）
南新仓（2公里内）

🛒 东直门商圈（1公里内）

📖 东城区图书馆（2公里内）
保利剧院（2公里内）

**"奏办京师自来水有限公司
之关防"印章**

这是京师自来水公司的第一枚印章，也是公司早期印章中规制最高、体量最大的印章，历经了北京城市供水事业的诞生和发展。印章篆刻为阳刻，质地为铜制，字体为篆书，用于公司上报政府公文及对社会发布信用文件、文书。

北京王府井古人类文化遗址博物馆
The Wangfujing Paleolithic Museum

考古遗址类
Archaeological Site

¥ 收费
Charge

王府井古人类文化遗址

北京王府井古人类文化遗址博物馆位于王府井东方广场地下，该遗址为旧石器时代晚期遗址，距今约1.5万——2.6万年，遗址距地表12米，灰褐色的古文化层，表明远古人类曾在王府井地区生活、栖息。这是在北京地区继周口店之后远古人类遗存的又一重大发现，也是在世界范围内首次在国际大都市的中心发现如此久远的古人类文化遗址。填补了平原地区没有旧石器时代遗址的空白，是研究古人类工具制作、生活方式、生存能力及复原当时北京地区生态环境的珍贵资料，也是我们中国人值得珍视的文化遗产。

馆中心遗址块为距地面12米的土层，在遗址土层中保留了远古人类点篝火后的遗留物——炭灰坑、炭屑层等；远古人类宰杀和肢解动物的地点——富含骨片的遗址探方等。这里的石制品、骨制品和用火遗迹均保持出土时的原貌。

东城区
Dongcheng District

📍 北京市东城区东长安街1号东方广场W1P3
W1P3, Dongfang Plaza, No.1 East Chang'an Street, Dongcheng District, Beijing

🕐 09:30-17:00
16:30停止入馆
每周一例行闭馆

📞 010—85186306

🏞 东交民巷（1公里内）
肃亲王府（1公里内）

🛒 王府井商圈（500米内）

📄 中国国家话剧院（500米内）
中国儿童艺术剧院（1公里内）

北京皇城艺术馆
Beijing Huangcheng Art Museum

北京皇城艺术馆坐落于北京天安门东侧的菖蒲河公园内，毗邻故宫博物院，与太庙仅一墙之隔，是一座以弘扬中华传统文化、推广中国文化艺术、促进世界文化交流为宗旨，集研究、发掘、展示、传播北京明、清皇城历史文化、收藏中国历史文物、展示世界艺术作品等功能于一身的国有综合性博物馆。作为北京市和东城区两级政府的重点项目自2002年初开始筹建，2003年6月20日皇城艺术馆正式对外开放。

2016年北京皇城艺术馆再次对场馆进行升级改造，遵循科学建馆、科技建馆及生态建馆的原则，秉承"以人为本、以文物安全为前提"的宗旨，引进了多项先进的设施设备，使场馆开放水平达到了国际先进级别，并在随后推出了一系列优秀展览及文化交流活动，受到了各界一致好评，获得了良好的社会效益。

⊙ **北京市东城区菖蒲河沿9号**
No. 9 Changpu River, Dongcheng District, Beijing

🕐 **10:00-12:00**
14:00-16:00
15:30停止入馆
每周一、周日及法定节假日例行闭馆

📞 010—85115114

⌂ 北京市劳动人民文化宫（500米内）
中山公园（1公里内）

🛒 王府井商圈（1公里内）

📄 中国儿童艺术剧院（1公里内）

明成化 青花缠枝花纹瓷枕

此枚青花瓷枕，用钴料描绘图案，施透明釉，属于一次入高温窑的瓷器。青花色泽淡雅、沉静，有云遮雾障若隐若现的现象。瓷枕充满吉祥意味的缠枝纹装饰，底部开有古钱孔用以出气通风，亦是为了防止烧造时发生炸裂。

北京人民艺术剧院戏剧博物馆

Beijing People's Art Theatre Museum

艺术类 Art
免费 Free

北京人民艺术剧院戏剧博物馆位于北京市东城区王府井大街 22 号首都剧场四层，是国内第一家展示话剧艺术的专业博物馆，展区面积 1300 平方米。2007 年正逢中国话剧百年华诞，北京人艺建院 55 周年，戏剧博物馆于 6 月 12 日正式向公众开放。

该馆始建于 1952 年，建院以来共上演古今中外、不同风格的剧目近 300 余部，形成了自己独特的演剧风格，同时也积累了大量宝贵的艺术资料，戏剧博物馆正是在此基础上建成的，真实地反映了北京人艺自建院以来走过的艺术历程。

该馆还定期举办专题展、艺术讲座以及戏剧活动，通过多种形式与观众分享戏剧艺术的魅力。通过多年探索与实践，"戏剧永恒"艺术讲座、"致敬与传承"群众戏剧展演、"助力快乐成长、畅游艺术殿堂"青少年戏剧体验、剧目创作分享会、戏剧进校园等活动，已经形成系列品牌，有数万名观众和青少年借此更深入地了解话剧艺术的台前幕后，不计其数的社区戏剧爱好者和学校师生得到了北京人艺专业演职员的直接指导，在各方舞台上展现艺术风采。

📍 **北京市东城区王府井大街22号**
No. 22 Wangfujing Street,
Dongcheng District, Beijing

🕐 **10:30-19:00**
18:45停止入馆
每周一例行闭馆

📞 **010—85120006**

⛰ 皇城根遗址公园（1公里内）
景山公园（2公里内）

🛒 隆福寺商圈（500米内）

📄 首都剧场（500米内）
国际戏剧中心（500米内）

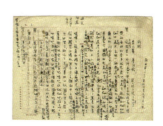

话剧《日出》手稿（部分）

此件是北京人艺首任院长曹禺先生创作《日出》时的手稿。1935 年，曹禺有感于黑暗的社会现实，便整合生活中所见的众多原型开始创作《日出》。曹禺说：我想用片段的方法写《日出》，用多少人生的零碎来阐明一个观点。这个观点就是"人之道，损不足以奉有余"。

北京百工博物馆

Beijing Baigong Museum

　　北京百工博物馆，又名"百工坊"，2003年11月正式开放，有30余个非遗项目及50余位工艺美术大师入驻。百工博物馆是北京第一个"活"的博物馆，属于中国首批建立的非遗保护和传承的企业组织。前来参观的游客不仅能够近距离欣赏到燕京八绝的宫廷技艺，也能看到民间手工艺制品。从百工讲堂、百工观摩到百工体验，多年来，百工坊带领大师们接待外国贵宾，走出国门传播非遗文化，走入校园、社区传授非遗技艺。

　　2022年至今，为了更好地提升整体环境，百工坊园区正在进行升级改造。2024年5月，首批8个项目的非遗展室对外开放，有张同禄大师珐琅艺术中心、殷秀云雕漆工作室、王树文花丝镶嵌工作室、刘守本内画鼻烟壶工作室、邢兰香料器坊、李洪斌玛瑙雕工作室，还有月光唐卡、木雕等手工体验坊。后续，随着园区改造进度，将引进更多的非遗工坊，欢迎喜爱中华传统文化技艺的游客们来参观体验。

📍 **北京市东城区光明路乙12号**
No. 12 Yi, Guangming Road, Dongcheng District, Beijing

🕘 **09:00-17:00**
17:00停止入馆

📞 010—67111381

⛲ 龙潭公园（2公里内）

🛒 龙潭早市（500米内）

📰 红剧场（1公里内）
龙潭湖体育馆（2公里内）

古琴挂屏

雕漆大师殷秀云代表作品之一，获北京工美杯特等奖及北京珍品奖。作品以中国古琴造型之伏羲和仲尼二式为挂屏外形，并选四支古琴曲《高山流水》《阳关三叠》《汉宫秋月》《昭君出塞》为创作题材，以深入细腻的手法表现了古代文人、诗人的情怀和女性无奈的命运。

孔庙和国子监博物馆
Temple of Confucius and Guozijian Museum

历史文化类 Historical Culture ￥ 收费 Charge

孔庙和国子监博物馆位于北京市东城区国子监街内，是以元明清"国子监"为馆址的历史类博物馆。北京国子监创建于元至元二十四年(1287年)，迄今已有700多年历史，是我国唯一保存完整的最高学府兼教育管理机构，又被称为"太学""国学"。孔庙是国子监的组成部分，依古制"庙学合一"而建，是皇家祭孔的重要场所。"左庙右学"的建筑规制，构成了规模宏大、风格独特的古建筑群。1961年，国子监被国务院公布为第一批全国重点

文物保护单位。1988年，孔庙成为第三批全国重点文物保护单位。2008年6月，孔庙和国子监博物馆挂牌并正式对外开放。作为北京市廉政教育基地、北京市爱国主义教育基地，孔庙和国子监博物馆在深入研究博物馆文化的同时，也在努力为中华优秀传统文化的宣传普及发挥积极作用。

📍 **北京市东城区安定门内国子监街 13-15号**
No. 13-15 Guozijian Street, Andingmen Nei, Dongcheng District, Beijing

🕘 **09:00—17:00**
16:30 停止入馆
每周一例行闭馆（法定节假日除外）

📞 **010—84043234**

🏞 五道营胡同（500米内）
地坛公园（1公里内）

🛒 北京簋街（1公里内）

📋 东图剧场（1公里内）
北京儿童艺术剧院（2公里内）

进士题名碑

进士题名始于唐代雁塔题名，自元代起进士题名碑刻立于国子监成为定制。北京孔庙第一进院落矗立着198通进士题名碑。碑上镌刻有元、明、清五万余名进士的姓名、籍贯、名次，是中国古代科举取士制度真实的历史见证。

中国铁道博物馆正阳门展馆
China Railway Museum Zhengyangmen Exhibition Hall

中国铁道博物馆正阳门展馆位于北京天安门广场东南角，是由原京奉铁路正阳门东车站改建而成。展馆占地面积 2439 平方米，建筑面积为 9485 平方米，展览面积 5086 平方米。展馆基本陈列为"中国铁路发展史"，分为"蹒跚起步""步履维艰""奋发图强""阔步前行"四部分内容，通过翔实的文物实物、精致的机车车辆模型、立体的铁路全景沙盘、动车组模拟驾驶体验、3D 技术等，系统展示了中国铁路的发展历程，特别是对党的十八大以来中国铁路在路网建设、装备变革、技术创新及服务民生等方面取得的巨大成就进行了重点展示。

中国铁道博物馆正阳门展馆先后被命名为铁路爱国主义教育基地（2006 年）、北京市爱国主义教育基地（2012 年）、首批国家交通运输科普基地（2020 年）、全国科普教育基地（2021 年），是传播铁路历史文化和科技知识、开展爱国主义教育活动的重要场所。

📍 **北京市东城区前门大街甲2号**
No. 2(A) Qianmen Street,
Dongcheng District, Beijing

🕐 **09:00-17:00**
16:30停止入馆
每周一例行闭馆（法定节假日除外）

📞 010—67051638

⛲ 天安门广场（1公里内）
大栅栏（1公里内）

🛒 前门大街（1公里内）

📋 北京市规划展览（500米内）

硬板客票印刷机

这台硬板客票印刷机是 1928 年由德国制造的，是我国早期火车票的印刷设备。这台印刷机曾见证了中华民族的屈辱与磨难，也经历了中国的沧桑巨变。中华人民共和国成立以后，这台机器重新回到了人民的手中，继续为人们的出行服务。

中国邮政邮票博物馆
China National Post and Postage Stamp Museum

历史文化类
Historical Culture

免费
Free

中国邮政邮票博物馆是由中国邮政集团有限公司主管的行业博物馆，也是我国唯一收藏和利用邮政、邮票文物进行相关学术研究与交流的国家级行业博物馆，于 2007 年 8 月 22 日正式向社会公众开放。

博物馆拥有 5500 平方米的展览大厅，藏有清代以来中国各历史时期邮政主管部门发行的邮资品、通过万国邮政联盟与世界 200 多个国家和地区交换而来的外国邮票以及邮政文物。展厅分别设有"邮票馆""邮政馆""特展厅"和"珍宝馆"。其中，"邮票馆"主展厅展出了邮票博物馆的基本陈列，包括"海关邮政时期邮票""清代邮政时期邮票""民国时期邮票""中国人民革命战争时期邮票""中华人民共和国邮票""外国异形异质邮票"等内容，全面展示了中国邮票发行的发展历程；"邮政馆"以大量的实物、图表、景观、模型回顾了中国邮政源远流长的发展历史；"特展厅"与"珍宝馆"则展出专题邮展和珍贵邮票等文物，展示了源远流长的中国邮政史和 140 多年来的中国邮票发行历史及异彩纷呈的世界各国邮票。

目前，中国邮政邮票博物馆是"中央国家机关文明单位""全国爱国主义教育示范基地""全国科普教育基地""北京市爱国主义教育基地""北京市中小学生社会大课堂资源单位""东城区爱国主义教育基地""北京邮电大学思想教育基地"、首届全国交通运输优秀文博馆推选展示活动"十佳文博馆"。

东城区 Dongcheng District

📍 北京市东城区建国门内贡院西街六号D座
Block D, No. 6 Gongyuan West Street, Jianguomen Nei, Dongcheng District, Beijing

🕘 **09:00-16:00**
15:00停止入馆
每周一例行闭馆（法定节假日另行通知）

📞 010-84849810

🏞 日坛公园（2公里内）

🛒 朝阳门商圈（1公里内）

📄 长安大戏院（500米内）

中国法院博物馆
China Court Museum

历史文化类
Historical Culture

免费
Free

中国法院博物馆位于北京市东城区正义路4号，是最高人民法院主办的全国性行业博物馆，于2016年1月6日正式面向社会免费开放。

中国法院博物馆建筑原为日本横滨正金银行旧址，位于东交民巷，是全国重点文物保护单位。设有三个基本陈列展厅，六个专题展厅，三个普法互动厅，一个法治影视放映厅。

中国法院博物馆以传承弘扬中华优秀司法文化、宣传展示中国共产党领导下的人民司法事业取得的光辉成就和历史经验、加强司法文物藏品的收藏保护研究利用、服务人民群众日益增长的司法文化需求为使命。开馆以来，接待大量国际、国内团体和个人参观，组织开展法治进校园、进社区等活动，得到社会各界广泛认可和好评。现已成为全国爱国主义教育示范基地、全国法治宣传教育基地、北京市爱国主义教育基地、北京市法制宣传教育基地、东城区爱国主义教育基地、东城区青少年法治教育实践基地、东城区青少年法治学院成员单位。

📍 **北京市东城区正义路4号**
No. 4 Zhengyi Road, Dongcheng District, Beijing

🕘 **09:00—17:00**
16:00停止入馆
每周一例行闭馆

📞 010—67557825

🏛 天安门广场（500米内）
天坛（2公里内）

🛒 王府井商圈（1公里内）

📋 国家大剧院（1公里内）
首都剧场（2公里内）

《明会典》

《明会典》是根据明代官修《大诰》《大明令》《大明律》《军法定律》《宪纲》等书和百司籍册编成，修纂始于英宗正统年间，完成于孝宗弘治十五年，后正德、嘉靖、万历年间都进行了增补修订。《明会典》记载明朝典章制度，颇为完备，其以六部官制为纲，分别规定各行政机关的执掌、沿革、事例、章程、法令、典礼，是后世研究明代典章制度的重要文献。

中国妇女儿童博物馆
China National Museum of Women and Children

历史文化类 Historical Culture　免费 Free

中国妇女儿童博物馆是全国爱国主义教育示范基地、全国科普教育基地、中央和国家机关党性教育备选场所、全国中小学生研学实践教育基地、全国妇女爱国主义教育基地、全国家庭教育创新实践基地、北京市铸牢中华民族共同体意识教育实践基地。

博物馆围绕服务大局、服务社会、服务妇女儿童和家庭，集收藏、保护、展示、研究、教育等职能为一体，是引导社会尊重女性、关爱儿童、注重家庭、关注妇女儿童事业发展的窗口和文化交流的桥梁。

常设展览分为妇女和儿童两大主题，反映了各个历史阶段中国妇女儿童的生产生活状态，展示了近现代中国妇女在民族独立与人民解放伟大历程中的杰出贡献、新中国妇女儿童事业发展的伟大成就、中外妇女儿童文化交流的丰硕成果，并设新时代中国妇女儿童事业发展成就、中华好家风和国际友谊馆。

博物馆经常性举办题材丰富多彩的临时性展览，以及主题讲座、艺术欣赏、文化传承等社教活动，欢迎参观体验。

📍 北京市东城区北极阁路9号
No.9 Beijige Road,Dongcheng District,Beijing

🕘 09:00—17:00
16:30停止入馆
每周一例行闭馆

📞 010—65126655

⛲ 王府井步行街（1公里内）
日坛公园（2公里内）

🛒 东单商圈（1公里内）

📄 南池子美术馆（2公里内）
中国儿童艺术剧院（2公里内）

载人飞船搭载物一组

1. 神舟十四号载人飞船搭载的"巾帼志愿者"旗帜和"全国'巾帼建功'标兵"荣誉奖章
2. 王亚平在执行神舟十三号载人飞行任务期间进行太空授课使用的浮力消失实验教具
3. 刘洋在执行神舟十四号载人飞行任务期间折叠的幸运星

中国海关博物馆
China Customs Museum

历史文化类
Historical Culture

免费
Free

中国海关博物馆是中华人民共和国海关总署直属的国家级行业博物馆，位于北京市东城区建国门内大街 2 号，东接古观象台、西依海关总署机关大楼、北邻东长安街、南近柳罐胡同，具有海关文物收藏保护、海关文化展示交流、海关历史研究、爱国主义暨海关职业素质教育等功能。博物馆主展区建筑面积约 8,000 平方米，基本陈列位于主展区一层、二层，包括千秋古关、近代海关、新中国海关三个部分。此外还有艇专题展厅。

中国海关博物馆现有藏品 32,000 余件，涵盖了从战国时期至当代各个历史时期的海关重要文物。其中既有"关"字瓦当、粤海关十两银锭、1894 年"中国灯塔图"、大龙邮票、总税务司赫德使用过的邮袋、李鸿章题写的"津海新关"木匾等海关历史文物，也有新中国首任海关总署署长任命书、见证邓小平南方谈话的"海关 902"艇等当代海关文物，还有海关查获的雪豹标本、东北虎皮、独角鲸牙以及齐白石、张大千、吴昌硕、溥儒字画等走私物品。

北京市东城区建国门内大街2号
NO. 2 Jianguomen Nei Street, Dongcheng District, Beijing

09:00-16:30
16:00停止入馆
每周一例行闭馆

010—65194458

日坛公园（2公里内）

建国门商圈（1公里内）

北京国话先锋剧场（1公里内）

"海关 902"缉私艇

"海关 902"缉私艇是中国海关的英雄艇，先后查获走私案件 900 多起，案值 3.5 亿元人民币，也是"光荣艇"，先后安全接送中央领导同志 50 多次。1992 年 1 月 23 日，邓小平同志乘坐该艇前往珠海经济特区视察，在艇上发表著名的南方谈话的一部分。

中国华侨历史博物馆
Overseas Chinese History Museum of China

历史文化类
Historical Culture

免费
Free

中国华侨历史博物馆是中国侨联直属事业单位，也是首家全面展示中国海外移民历史和文化的国家级专题博物馆，现有藏品近4万件（套）。2019年被中宣部命名为全国爱国主义教育示范基地，获2019年北京市民终身学习示范基地、2018—2020年度首都文明单位、2020年第六届全国文明单位等称号。

1960年，著名爱国侨领、中国侨联首任主席陈嘉庚先生倡议在首都北京兴建中国华侨历史博物馆。2011年9月，博物馆奠基建设，2014年10月落成，其宗旨是为侨服务、为社会服务、为国家服务，发挥海内外联系广泛的优势，充分利用中国博物馆协会华侨博物馆专业委员会的组织网络，广泛深入地开展文物征集与保护工作；努力举办展览和交流活动，宣传展示华侨华人发展历史和精神文化；将文化事业与文化产业相结合，提供丰富的文化产品和文化服务。

中国华侨历史博物馆位于北京市东城区东直门内北小街。采用主体建筑掩映在仿古四合院之后的组合建筑，与所处历史文化保护街区风貌一致，主体建筑高18米，分为地上3层，地下2层，建筑面积12802.58平方米。馆内设有四个基本展厅，三个临时展厅，一个报告厅。

📍 **北京市东城区东直门内北小街**
Dongzhimen Inner North Street, Dongcheng District, Beijing

🕐 **09:00-17:00**
16:00停止入馆
每周一例行闭馆（法定节假日和特殊情况除外）

📞 010-64093039
010-64070943

🏛 通教寺（500米内）

🛒 东直门商圈（1公里内）

《美洲华侨日报》刊载邓小平题词的照相制版原稿

《美洲华侨日报》是由美国纽约华侨衣馆联合会创办于1940年7月8日，它是美国华文报刊历史上存续时间最长的华文报纸之一，被誉为美国"全体侨胞的喉舌"，在当地华侨社会之中具有重要影响力。1979年，国务院副总理邓小平应邀访美期间，通过《美洲华侨日报》向广大侨胞致以鼓励并写下题词。2010年11月，这份题词的照相制版底稿由该报副总编辑陈天璇、黄立庄捐给中国华侨历史博物馆。

首都粮食博物馆
Capital Grain Museum

历史文化类
Historical Culture

免费
Free

首都粮食博物馆是北京市唯一一家粮食行业博物馆，坐落于北京市东城区大磨坊文创园内，这里曾是北京大磨坊面粉厂，一家可以追溯到1918年的百年面粉加工企业。首都粮食博物馆是首农食品集团为了传承和发扬北京粮食文化、服务百姓，利用原来的面粉生产车间重点打造而成，于2019年10月16日开馆当日被授予国家粮食安全教育基地和北京市粮食安全宣传教育基地的荣誉称号，肩负着粮食安全宣传教育的重要职责。

首都粮食博物馆展览面积约为1000平方米，本着"粮中有历史，历史见精神"的布展理念，设置了"粮食寻根，追溯本源""帝都漕运，千古运河""民生保障，首都粮仓"三个展区，展示实物五百余件，使用照片四百余张，情景再现、微缩场景八处，知识屏、内容扩充屏十二块辅以多种先进展陈技术，立体呈现了北京粮食行业发展的历程与成就，集中体现了北京粮食的地域特征和人文特色。

承粮食之物华，载博物之重宝。首都粮食博物馆将不断发掘北京粮食文化的精髓与特质，努力成为首都粮食文化一张独具特色的新名片。

📍 北京市东城区永定门外三元街17号大磨坊文化创意园3号楼
Building 3, Damofang Cultural and Creative Park, No. 17 Sanyuan Street, Yongdingmenwai, Dongcheng District, Beijing

🕐 09:30-11:30
13:30-16:30
16:00停止入馆
每周末及法定节假日例行闭馆

📞 010—56014233

🏞 永定门公园（1公里内）
天坛公园（2公里内）

🛒 沙子口商圈（1公里内）

📋 中国评剧大剧院（2公里内）
天桥剧场（2公里内）

《开漕节》

开漕节始于明代，是明清时期通州特有的大型文化活动。在公祭后就开始检验第一批转运漕粮，故得名为开漕节。每年农历三月初一，开河后第一批漕粮抵达通州，通过大光楼进行验收，场面十分壮观，气氛热烈。

中国共产党早期北京革命活动纪念馆

Memorial Hall for The CPC's Early Revolutionary Activities in Beijing

中国共产党早期北京革命活动纪念馆于2021年10月正式在北大红楼挂牌，分为北大红楼和蒙藏学校旧址两处馆区。北大红楼馆区内设基本陈列"光辉伟业 红色序章——北大红楼与中国共产党早期北京革命活动主题展"，围绕李大钊、陈独秀、毛泽东等早期建党人物，生动展现中国共产党创建时期北京革命活动的光辉历史，着力展现北京作为新文化运动的中心、五四运动的策源地、马克思主义在中国早期传播的主阵地、中国共产党的主要孕育地之一，在中国共产党创建史上所具有的独特地位、独特贡献、独特价值。

蒙藏学校旧址馆区最早为明朝初年的常州会馆，清朝末年该地被称为"毓公府"。1913年在此开办蒙藏学校，2020年3月，北京市将蒙藏学校旧址列为"北大红楼与中国共产党早期北京革命活动旧址"之一，进行保护修缮，内设"中华一脉 同心筑梦——中国共产党民族工作光辉历程和伟大成就主题展""蒙藏学校旧址专题展"和中华民族优秀文化体验区。

⊙ 北大红楼馆区：北京市东城区五四大街29号；蒙藏学校旧址馆区：北京市西城区小石虎胡同33号

🕐 北大红楼馆区
09:00-17:00，16:30停止入馆
蒙藏学校旧址馆区
旺季09:00-21:30
21:00停止入馆
淡季09:00-20:30
20:00停止入馆
每周一例行闭馆（法定节假日除外）

📞 010-52208928
010-52208929

⌂ 北大红楼：景山公园（1公里内）
蒙藏学校旧址：民族文化馆（1公里内）

🛒 北大红楼：王府井商圈（2公里内）
蒙藏学校旧址：西单商圈（500米内）

📄 北大红楼：北京人民艺术剧院（1公里内）
蒙藏学校旧址：国家大剧院（2公里内）

1919年《新青年》第6卷第5号

李大钊在《新青年》第6卷第5、6号发表《我的马克思主义观》，系统介绍马克思主义唯物史观、政治经济学和科学社会主义基本原理，充分肯定了马克思主义的历史地位，标志着马克思主义在中国进入比较系统的传播阶段。

北京法和律师博物馆

Beijing Fahe Lawyer Museum

其他类
Themed Museum

免费
Free

　　北京法和律师博物馆于 2021 年 12 月 4 日落成，位于北京国际饭店 3 层，是一个常设的、专题性的博物馆，中央政法委原书记、最高人民法院原院长、新中国 001 号律师任建新曾为博物馆题词。秉持"留住历史、纪念历史、传承历史"的初心，博物馆系统性地展现了中国律师的百年发展历程，旨在打造律师行业的展览馆、纪念馆、荣誉馆，构建律师同仁的精神家园。

　　回望历史，中国律师制度从 1912 年建立以来，已历经一百多年的发展，从中国共产党成立时十二位党代表中的董必武律师、二七大罢工中壮烈牺牲的共产党员施洋律师，到新中国首任最高法院院长沈钧儒律师、首任司法部长史良律师、首任中央政法委书记任建新律师。百年来，中国律师不忘初心，砥砺前行，为创立和建设新中国做出了重要贡献。通过博物馆来记录和传承中国律师的优良传统，是对律师行业最好的贡献。

◎ 北京市东城区建国门内大街9号北京国际饭店3层
3rd Floor, Beijing International Hotel, No. 9 Jianguomen Inner Street, Dongcheng District, Beijing

◷ **10:00-17:00**
16:30停止入馆
每周一例行闭馆

☎ 010—87777500

⌖ 东交民巷（500米内）
天安门广场（1公里内）

🛒 前门商圈（1公里内）

▤ 国家大剧院（2公里内）
广德楼戏院（2公里内）

民国时期由律师见证的结婚证书

1948 年，江苏省一对新人举行结婚仪式的喜帖"鸾凤和鸣"，严荫武大律师作为证婚人的名字赫然纸上。律师作为证婚人进行见证同样具有法律效力。

北京龙顺成京作非遗博物馆

Beijing Longshuncheng Jingzuo Museum of Intangible Cultural Heritage

历史文化类
Historical Culture

¥ 收费
Charge

北京龙顺成京作非遗博物馆主要展示龙顺成传承 160 年的悠久历史及京作非遗文化，旨在弘扬中国非物质文化遗产财富，展现中国生活文化内涵，彰显中国气韵、中国审美、大国工匠的文化精神。

龙顺成京作硬木家具制作技艺传承自故宫造办处，作为北京非遗文化符号的代表，意在传播"京味儿"文化，实践传承京作非遗技艺的当代传播，促进优秀传统文化与现实生活相融合，实现传统非遗文化创造性转化和创新性发展。

龙顺成作为故宫造办处京作木作技艺的历史延伸，自始至终都在坚守这项技艺的保护与传承。京作硬木家具制作技艺融合了苏作、广作的制作技艺，作为家具中的"官造"，是传统家具文化中的"集大成者"，代表着是中国哲学思想、中国人文道德、中国样式、中国营造的生活文化及美学语言表达。

⊙ 北京市东城区永外大街64号
No. 64 Yongwai Street, Dongcheng District, Beijing

⊙ **09:00-17:00**
16:30停止入馆
特殊情况见公众号通知

☎ 010—67221485

⌂ 天坛公园 (2公里内)
陶然亭公园 (2公里内)

🛒 沙子口商圈 (1公里内)

▤ 天桥艺术中心 (2公里内)
天桥剧场 (2公里内)

清 金丝楠木雕云龙纹顶箱柜

龙柜体形硕大，金丝楠木满彻做成，每柜四扇门，门板为实木封头，浮雕云龙，图案四周雕出"扯不断"回纹，靠中间两门雕升龙，边侧两门雕降龙，龙头贴料高起，神韵十足。

景泰蓝艺术博物馆
Cloisonne Art Museum

景泰蓝艺术博物馆坐落于北京市东城区永定门外安乐林路10号北京市珐琅厂院内，建筑面积约6000平方米，整体展示面积5000平方米，馆藏展品达2000余种，配套设施齐全，有4000平方米的停车场，无障碍设施完善，配有专职讲解员提供中文及手语讲解服务。

景泰蓝艺术博物馆2010年筹建，2012年6月6日一期建成并开馆，二期2015年10月1日建成，是由北京市珐琅厂有限责任公司自办的国内首座景泰蓝艺术博物馆。

博物馆配套有1000余平方米的技艺展示、互动区域以及一个多媒体教研室，在这里，大家可免费参观景泰蓝制作工艺过程，并与大师互动，在高级工艺技师的指导下，亲自动手参与景泰蓝掐丝、点蓝等工艺制作。为更好地传播景泰蓝文化，博物馆聘请了国内10余位专家、大师、学者担任顾问，不定期为来宾提供景泰蓝历史、文化、鉴别、收藏、保养等方面的知识讲座。

北京市东城区安乐林路10号
No. 10 Anlelin Road, Dongcheng District, Beijing

09:00-16:30
16:30停止入馆

010—67211677

天坛公园（1公里内）
永定门城楼（2公里内）

木樨地商圈（2公里内）

中国评剧大剧院（2公里内）
天桥艺术中心（2公里内）

景泰蓝兵马战车

景泰蓝兵马战车生产于20世纪80年代，作品由中国工艺美术大师、国家级非物质文化遗产传承人钱美华、北京市工艺美术大师邵家增设计，北京市珐琅厂高级技师集体制作完成。该作品按照原型1:1比例设计制作，总长2.6米，高2米，由四匹战马、战车、伞盖、驭手、弓箭、盾牌等多部分组成。

*北大二院旧址（原北大数学系楼）

Site of Peking University School of Science(Former Peking University Mathematics Department Building)

革命纪念类 Revolutionary Memorials｜免费 Free

北大二院旧址（原北大数学系楼）位于北京市东城区沙滩后街 55 号，为京师大学堂建筑部分遗存，是市级文保单位。该楼建成于 1906 年，1919 年改称北京大学第二院数学系楼，李大钊、陈独秀曾在此讲学，青年毛泽东曾在该楼第 16 教室聆听李大钊授课。北京大学马克思学说研究会曾在此举办庆祝五一劳动节等革命活动，是北京社会主义青年团等早期组织的重要活动地。

2021 年，北大二院旧址被授予"北京市爱国主义教育基地"称号，同年被列入北京市第一批革命文物名录和中华文化基因库（一期）红色基因库试点单位。次年，获评北京市第二批市级新时代文明实践基地。

北大二院旧址现设"伟大开篇——中国共产党早期北京组织专题展"，展出文物复制品 40 余组件，展品 472 件，集中展现中国共产党早期北京组织的酝酿创建、发展壮大的历史过程和中国共产党早期北京组织传播马克思主义、培养革命青年、引导进步社团、帮助北方主要城市建立党团组织等内容。

2023 年，北大二院旧址正式挂牌"北京地区类博物馆"。

北京市东城区景山街道沙滩后街 55 号
55 Shatanhoujie Street, Jingshan Street, Dongcheng District, Beijing

09:00-12:00
11:30停止入馆
13:00-17:00
16:00停止入馆
每周一例行闭馆

18518611200

景山公园（500米内）
北海公园（1公里内）

沙滩商圈（500米内）

吉祥大剧院（2公里内）
中国儿童艺术剧院（2公里内）

民国《新民学会会员通信集》

大三十二开直行铅印本，三册合订，纸绳穿孔装订。
首页左上侧印一红色长方形竖框，内直行印红色繁体"新民学会会员通信集"，藏品编制缘起和主要素材来源为湖南赴法勤工俭学运动。

西城区博物馆

Museums in Xicheng District

北京鲁迅博物馆（北京新文化运动纪念馆）

Beijing Lu Xun Museum (Beijing New Culture Movement Memorial Hall)

西城区 Xicheng District

　　北京鲁迅博物馆（北京新文化运动纪念馆）是主要承担鲁迅和新文化运动时期著名人物、重大事件有关实物、资料的征集、保管、研究和宣传展示等工作的国家一级博物馆，包括鲁迅博物馆馆区和新文化运动纪念馆馆区。

　　北京鲁迅博物馆馆区位于西城区宫门口二条 19 号，内有鲁迅旧居及鲁迅陈列展览。鲁迅旧居为全国重点文物保护单位，鲁迅在这里写下了《华盖集》《华盖集续编》《野草》三本文集和《彷徨》《朝花夕拾》《坟》中的部分篇章。新文化运动纪念馆馆区位于东城区五四大街 29 号，是全国唯一一家全面展示五四新文化运动历史的综合性纪念馆。以复原五四时期北大红楼历史面貌为主，凸显五四新文化运动时期的红楼历史氛围。

　　现有馆藏国家一级文物 759 件。主要有鲁迅的手稿、藏友人信札等；有许广平、章太炎、钱玄同等新文化运动时期历史人物的遗存；有大量的鲁迅著、译、辑、编著作版本和鲁迅研究著作版本、现代文学丛刊与新旧期刊；还有大量中外版画名作及李可染等的绘画作品。

📍 **北京市西城区阜成门内大街宫门口二条19号**
No. 19, Gongmenkou Second Alley, Fuchengmen Inner Street, Xicheng District, Beijing

🕐 **09:00-16:00**
15:30停止入馆
每周一例行闭馆

📞 010—50872677

🏛 中国儿童中心 (1公里内)
月坛公园 (1公里内)

🛒 金融街商圈 (1公里内)

《赠瞿秋白（录何瓦琴句）》（国家一级）

1931 年瞿秋白经冯雪峰联系结识鲁迅。1933年因受国民党追捕，瞿秋白到鲁迅家避难，其间鲁迅书此文稿赠之。此文稿是鲁迅存世遗墨中少有的大幅作品，虽仅二十余字，但字字精到，古拙质朴，圆润苍劲，极见鲁迅书法功力。

民族文化宫博物馆
Culture Palace of the Nationalities Museum

历史文化类
Historical Culture

免费
Free

民族文化宫博物馆于 1959 年 10 月完成建设并向公众开放，成了集中展示我国多元民族文化的重要平台。馆内收藏了近五万件（套）各民族文物，种类繁多，精彩纷呈。这些文物涵盖了各民族的生产工具、生活用品、绚丽多彩的服装服饰、悠扬的民族乐器，以及中华民族历史上的钱币印玺、珍贵的文书封诰等。此外，还包括了精湛的工艺美术品和宗教用品，充分展现了中华民族文化的深厚底蕴和博大精深。

在藏品数量、种类和质量上，民族文化宫博物馆均稳居全国同类博物馆榜首，堪称民族文化宝库。建馆六十余载，民族文化宫博物馆肩负着征集、收藏和保护中华各民族文物的重任，致力弘扬中华优秀传统文化，宣传党和国家民族政策，展示民族工作辉煌成就。

奋进新时代，民族文化宫博物馆将紧紧围绕铸牢中华民族共同体意识工作主线，为建设中华民族现代文明不断努力，让每一位参观者都能深刻感受到中华民族的悠久历史与中华文明的深厚底蕴，不断增强对中华民族的认同感和自豪感。

北京市西城区复兴门内大街49号
No. 49 Fuxingmen Nei Street,
Xicheng District, Beijing

09:00-16:30
16:00停止入馆

010—83195525

玄武艺园（2公里内）
顺城公园（2公里内）

西单商圈（500米内）

中国民族艺术馆（500米内）
国家民族画院（500米内）

清代翁牛特左翼札萨克银印

现藏于民族文化宫博物馆，印面呈正方形，印纽为后坐前立虎。印文阳刻满、蒙古两种文字，汉文译为"翁牛特左翼札萨克印"。此印造于清康熙二十五年（1686 年），是康熙皇帝颁赐给栋垡青郡王的重孙的官印。

中国地质博物馆
The Geological Museum of China

自然科技类
Natural Science

¥ 收费
Charge

中国地质博物馆创建于 1916 年，在与中国现代科学同步发展的历程中，积淀了丰厚的自然精华和无形资产，以典藏系统、成果丰硕、陈列精美称雄于亚洲同类博物馆，并在世界范围内享有盛誉。

中国地质博物馆收藏地质标本 55 万余件，涵盖地学各个领域。其中有蜚声海内外的中华龙鸟等古生物化石标本，"水晶王"等中国特色矿物标本，以及种类繁多的宝石、玉石等一批国宝级珍品。

中国地质博物馆在开展藏品科学研究的同时，长期从事地层古生物学、矿物岩石学、宝石学和博物馆学的研究并取得累累硕果，特别是在早期脊椎动物学、昆虫学以及辽西热河生物群等研究领域所取得的成果受到国内外科学界的广泛关注。

中国地质博物馆常年开放独具特色的陈列展览，陈列内容更加关注人类的生存环境和生存质量，让观众在浓郁的科学氛围中，通过亲眼看见、亲手操作和亲身体验，轻松步入精彩纷呈的地学空间。

目前，中国地质博物馆正以昂扬的精神风貌，继往开来，精心打造美好未来。

📍 北京市西城区西四羊肉胡同15号
No. 15 Xisiyangrou Hutong, Xicheng District, Beijing

🕐 **09:00-16:30**
16:00停止入馆
每周一例行闭馆

📞 010—66557858

⛩ 万松老人塔（1公里内）
北海公园（2公里内）

🛒 西单商圈（2公里内）

水晶王

中国地质博物馆珍藏着一块堪称镇馆之宝的水晶，这块水晶体形硕大，晶体发育较完好，晶体高 1.7 米，最大宽度 1.7 米，厚 1.0 米，重达 3.5 吨。外观看起来像一座晶莹剔透的金字塔，这就是旷世奇石"水晶王"。

中国古动物馆

Paleozoological Museum of China

自然科技类
Natural Science

¥ 收费
Charge

中国古动物馆隶属中国科学院古脊椎动物与古人类研究所，是该所于 1994 年创建的中国第一家以古生物化石为载体，系统普及古生物学、古生态学、古人类学及进化论知识的国家级自然科学类专题博物馆。中国古动物馆是全国科普教育基地、北京市科普教育基地、中国古生物学会科普教育基地和国家中央机关思想教育基地。1995 年 12 月，中国古动物馆正式对公众开放。

中国古动物馆馆内按照脊椎动物的演化序列分为两馆，即古脊椎动物馆和人类演化馆；共四个展厅，即古鱼形动物和古两栖动物展厅、古爬行动物和古鸟类展厅、古哺乳动物展厅、古人类与石器展厅。整个展览以脊椎动物"从鱼到人"演化过程中的九大演化事件作为串联线索，通过精美、丰富的展品，将脊椎骨的起源、颌的出现、由水登陆、羊膜卵的出现、重返海洋、飞上蓝天、羽毛的演化、哺乳动物的兴起和人类的起源等九大事件一一详细阐述，充分展示了脊椎动物 5 亿多年的波澜壮阔的演化历程。

📍 北京市西城区西直门外大街142号
NO. 142 Xizhimenwai Street, Xicheng District, Beijing

🕐 **09:00-16:30**
16:00停止入馆
每周一例行闭馆

📞 010—88369210
010—88369280

🏞 北京动物园（500米内）
北京海洋馆（1公里内）

🛒 甘家口商圈（2公里内）

🎭 民族剧场（2公里内）

"中国第一龙"许氏禄丰龙的模式标本

许氏禄丰龙是中国古动物馆的"镇馆之宝"。中国古动物馆二层"恐龙走廊"展出的这件许氏禄丰龙标本也被称为"中国第一龙"。

西城区 Xicheng District

— 039 —

中华人民共和国名誉主席宋庆龄同志故居

Former Residence of Soong Ching Ling, the Honorary President Of the People's Republic of China

中华人民共和国名誉主席宋庆龄，是举世闻名的爱国主义、民主主义、国际主义、共产主义的伟大战士，20世纪的伟大女性，孙中山夫人，"国之瑰宝"。位于后海北沿46号的宋庆龄寓所，原是清朝末代皇帝爱新觉罗·溥仪的父亲醇亲王载沣的王府花园。园内碧水回环，花木荟萃，是一处幽静典雅的庭园。宋庆龄自1963年4月乔迁于此，一直工作、生活到1981年5月29日逝世。同年10月，由国家命名为"中华人民共和国名誉主席宋庆龄同志故居"，翌年5月29日起对外开放。

宋庆龄故居以原状陈列保持了宋庆龄生前在此工作、生活等生动场景，陈列宋庆龄生平展览，是集参观、游览、活动、会议为一体的重要场所，是全国重点文物保护单位、全国爱国主义教育示范基地、全国青少年教育基地、全国中小学生研学实践教育基地、全国红色旅游经典景区、中央国家机关思想教育基地、北京市廉政教育基地、北京爱国主义教育基地等。

- ⊙ 北京市西城区后海北沿46号
  No. 46 north side of Houhai, Xicheng District, Beijing

- ○ 夏季4月1日-10月31日
  09:00-17:30，17:00停止入馆
  冬季11月1日-3月31日
  09:00-16:30，16:00停止入馆
  每周一例行闭馆

- ☎ 010—64015256
  010—64044205-809

- ⌂ 鼓楼（2公里内）
  南锣鼓巷（2公里内）

- 🛒 新街口（1公里内）

- 🗒 什刹海城市探索中心（1公里内）

宋庆龄的金戒指印章

馆藏宋庆龄的金戒指印章镌刻着"庆龄"二字。在保卫中国同盟的募捐活动中，宋庆龄常用这枚戒指在捐助者的收据上盖章。

北京天文馆
Beijing Planetarium

自然科技类
Natural Science

¥ 收费
Charge

北京天文馆位于北京市西城区西直门外大街138号，于1957年正式对外开放，是我国第一座大型天文馆，也是当时亚洲大陆第一座大型天文馆，现为国家一级博物馆和AAAA级旅游景区。

北京天文馆包含A、B两馆，4个科普剧场。A馆天象厅是我国大陆地区最大的地平式天象厅，内部的蔡司九型光学天象仪和世界上分辨率最高的全天域数字投影系统，能逼真还原地球上肉眼可见的9000余颗恒星；高达8K分辨率的球幕影像，能实现虚拟天象演示、数字节目播放等功能。B馆于2004年底建成开放，内有宇宙剧场、4D剧场、3D剧场和天文展厅、太阳观测台、大众天文台、天文教室等各类科普设施。

除播放科普节目外，北京天文馆举办的流动天文馆、天文科普讲座、天文夏(冬)令营等各项活动同样引人入胜。北京天文馆集展示与教学于一体，通过举办天文知识展览，组织中学生天文知识竞赛，编辑出版和发行天文科普刊物《天文爱好者》，组织公众观测等众多科普活动，不失时机地向公众宣传普及天文知识。

📍 **北京市西城区西直门外大街138号**
No. 138, Xizhimen Outer Street, Xicheng District, Beijing

🕐 **09:00-16:30**
16:00停止入馆
每周一例行闭馆(法定节假日及寒暑假除外)

📞 010—68312517

⛰ 北京动物园(500米内)
紫竹院公园(2公里内)

🛒 西直门商圈(2公里内)

📄 国家图书馆(2公里内)

月岩

1972年12月，美国阿波罗17载人宇宙飞船的宇航员采自月球澄海东南着陆区(月面坐标：东经30°45′，北纬20°10′)的样品，重0.5克，属于高钛月海玄武岩。

首都博物馆
Capital Museum

综合地志类
Chorography

免费
Free

首都博物馆成立于 1981 年，是北京市属唯一的大型地志类综合性城市博物馆，现址总建筑面积 6.4 万平方米，于 2006 年 5 月 18 日正式开放运行。作为国家一级博物馆，馆内收藏着北京 50 万人居史、3000 多年建城史、870 年建都史的珍贵遗存 20 余万件，围绕解读灿烂中华、品鉴智慧北京、世界文明互鉴三大主题推出精品展览。

首都博物馆致力于北京地区文物保护和文物研究，作为全国爱国主义教育基地、全国科普教育基地面向公众和广大青少年传播历史文化，是北京地区公共文化服务体系的重要组成部分。

为深入贯彻、落实习近平文化思想和习近平总书记对北京一系列重要讲话精神，以北京城市总体规划为指导，紧密配合北京城市战略定位，北京大运河博物馆（首都博物馆东馆）应运而生，作为一座集收藏保管、展览展示、科学研究、社会教育、文保修复等功能于一体的智慧型综合博物馆，与首都博物馆共同从历史文化的角度诠释"都"与"城"的关系。本馆展陈以"都"为核心，东馆展陈以"城"为核心，两馆展陈遥相呼应，既珠联璧合又各具特色。

📍 **北京市西城区复兴门外大街16号**
No. 16 Fuxingmenwai Street,
Xicheng District, Beijing

🕐 **09:00-17:00**
16:00停止入馆
每周一例行闭馆

📞 010—63370491
010—63370492

🏞 白云公园（500米内）
白云观（1公里内）

🛒 复兴门商圈（1公里内）

📋 二七剧场（500米内）

伯矩鬲

伯矩鬲出土于房山琉璃河西周墓地，其造型雄伟庄重，装饰工艺采用了高浮雕和浅浮雕相结合的手法，通体装饰七个风格各异的牛首兽面纹。盖内及颈内壁分别铸有相同的十五字铭文：才（在）戊辰，匽侯赐伯矩贝，用作父戊尊彝。

北京古代建筑博物馆
Beijing Ancient Architecture Museum

历史文化类
Historical Culture

收费
Charge

北京古代建筑博物馆坐落在北京先农坛内，是我国第一座收藏、研究和展示中国古代建筑技术、艺术及其发展历史的专题性博物馆。现有中国古代建筑和先农坛历史文化两个展览体系。

中国古代建筑展览体系包括"中国古代建筑发展历程""中国古代建筑营造技艺""中国古代城市的发展""中国古代建筑类型欣赏""北京中轴线古建筑展"；先农坛历史文化展览体系包括"先农坛历史文化展""先农坛神仓历史文化展"等。

先农坛始建于明永乐十八年（1420年），是中国古代天子亲耕农田"劝课农桑重农固本"的耤田礼活动区。古建馆每年围绕"一亩三分地"开展"先农坛一亩三分地农耕体验季系列活动"，让公众从耕作中体会尊农重农、敬畏自然、和谐共生等人文精神，感受中国传统农耕文化的博大精深和中华民族的勤劳智慧。

西城区 Xicheng District

📍 北京市西城区东经路21号（先农坛北门）
No. 21 Dongjing Road, Xicheng District, Beijing (North Gate of Xiannongtan)

🕘 **09:00-17:00**
16:30停止入馆
每周一例行闭馆

📞 010－63172150

⛰ 天坛公园（2公里内）
紫竹院公园（2公里内）

📄 天桥演艺中心（2公里内）

北京隆福寺正觉殿明代藻井

隆福寺始建于明景泰三年（1452年），是明代宗朱祁钰敕建寺院。1976年因地震寺院主体损毁，藻井从大殿上分离，存放于西黄寺，1989年移至本馆收藏，并于1999年修复展出。藻井是中国古代建筑顶部的一种装饰构件。该藻井共有五层，云纹图案与天宫楼阁交相辉映，井圈内外绘制神仙出行图，四角为力士雕像支撑，中间为28星宿图，绘有1400多颗星宿，此图为明人仿唐人星象图所绘。

徐悲鸿纪念馆
Xu Beihong Memorial Hall

艺术类
Art

免费
Free

西城区 Xicheng District

徐悲鸿纪念馆成立于 1954 年，原址位于北京市东城区东受禄街徐悲鸿故居，现位于北京市西城区新街口北大街 5 号，是新中国第一座美术家个人纪念馆。

徐悲鸿故居是他生前和妻子廖静文共同生活的地方。1953 年，徐悲鸿逝世后，廖静文女士及子女将徐悲鸿遗作一千二百余幅及其收藏（唐、宋、元、明、清及近代名家作品）一千余幅、珍贵资料万余件，全部捐献给国家。1954 年，徐悲鸿纪念馆在其故居基础上建立，1983 年迁至现址开放。

为更好地保护和展示展品，徐悲鸿纪念馆经闭馆改扩建后，于 2019 年 9 月重新对社会开放。现展区共四层，一至三层为基本陈列展厅，四层为临时展厅。此外，馆内还设有报告厅、儿童活动区、休闲区及各种公众服务的设备设施。徐悲鸿纪念馆以更丰富的展览内容和公共服务项目，宣传徐悲鸿先生的爱国精神和艺术成就。

📍 **北京市西城区新街口北大街5号**
No. 5 Xinjiekou North Street,
Xicheng District, Beijing

🕐 **09:00-17:00**
16:30停止入馆
每周一例行闭馆

📞 010—62219899

🏞 什刹海西海湿地公园 (500米内)
什刹海公园 (1公里内)

🛒 新街口商圈 (500米内)

📋 解放军歌剧院 (500米内)
西城区文化中心 (1公里内)

《愚公移山》(油画) 1940 年

创作此画时，中国正处在抗日战争最艰苦时期，徐悲鸿希望用愚公移山精神振奋、鼓舞民众抗战之决心，突破传统绘画的格局，用运动中人体的力量美感彰显劳动人民的吃苦耐劳与勇敢顽强，是中国近代人物画的一座里程碑。

郭沫若纪念馆
Guo Moruo Memorial Museum

革命纪念类
Revolutionary Memorials

¥ 收费
Charge

郭沫若纪念馆，位于北京西城区前海西街，占地面积 7000 平方米。清朝末年，这里是恭王府的组成部分。民国初年，乐氏达仁堂将此地购买，修建成了中西结合的宅院。新中国成立之初，达仁堂将宅院捐献给国家。这里先是蒙古驻华大使馆。后由宋庆龄居住。1963 年 11 月郭沫若搬到其东侧的中式四合院，这里成为郭沫若晚年写作、生活的地方，也是他与科学文化艺术界沟通往来，接待海外友人的场所。至 1978 年 6 月，郭沫若在这里度过了他人生最后 15 年。

郭沫若去世后，这里成为郭沫若著作编辑出版委员会的办公地。1982 年 1 月，中共中央将此处定名为"郭沫若故居"；8 月，国务院批准列为全国重点文物保护单位。1988 年 6 月 12 日郭沫若逝世 10 周年之际，对外开放，1992 年郭沫若纪念馆被北京市政府命名为北京市爱国主义教育基地。1994 年更名为"郭沫若纪念馆"。

📍 北京市西城区前海西街18号
No.18 West Qianhai Street,
Xicheng District, Beijing

🕐 09:00-16:30
16:00停止入馆
每周一、冬季例行闭馆

📞 010—83222523

🏞 北海公园 (500米内)
什刹海风景区 (500米内)

📄 什刹海文化展示中心
(广福观) (1公里内)
国家图书馆(古籍馆) (2公里内)

"沧海遗粟"木匣

郭沫若纪念馆藏有一只特殊的木匣，上有郭沫若题写的"沧海遗粟"四个大字，木匣中，装有郭沫若撰写的 9 部古文字手稿，这是郭沫若在日本隐居十年学术生活的见证，更是郭沫若爱国主义情怀的体现。

梅兰芳纪念馆
Mei Lanfang Memorial Museum

历史文化类
Historical Culture

¥ 收费
Charge

梅兰芳纪念馆为文化和旅游部直属公益一类事业单位。纪念馆成立于 1986 年 10 月，坐落在北京市西城区护国寺街 9 号，是一座典型的北京四合院，为清末庆亲王奕劻王府的一部分，占地 1000 余平方米。朱漆大门上悬挂着邓小平同志亲笔题写的匾额"梅兰芳纪念馆"。进门后迎面青石砖瓦的大影壁前，安放着一座梅兰芳先生的半身塑像。东、西、北房筑有穿廊，廊沿上有鲜艳的彩绘。院内有两棵柿子树，两棵海棠树，寓有"事事平安"之意。自 1951 年，杰出的京剧表演艺术家梅兰芳在这幽静、安适的小庭院内，度过了他生命的最后十年。2013 年 3 月，国务院颁布梅兰芳故居为全国重点文物保护单位。

纪念馆现有梅兰芳故居和办公区两址。故居分为正院和外院两部分，正院保存故居原貌，会客厅、书房、卧室和起居室内的各项陈设均按梅兰芳生前生活起居原状陈列。东、西厢房原分别为梅葆玥、梅葆琛居住处所，现辟为不定期更新展览内容的专题展室。外院南展览室为常设展室，以珍贵的图文影像资料介绍梅兰芳一生的艺术成就和社会活动。

📍 北京市西城区护国寺街9号
No. 9 Huguosi Street, Xicheng District, Beijing

🕐 **09:00-16:00**
16:00停止入馆
每周一例行闭馆（法定节假日除外）

📞 010—83223598

🏛 护国寺街（500米内）
什刹海（1公里内）

📋 人民剧场（500米内）

朝仓文夫制梅兰芳半身铜像

材质：铜
尺寸：40 厘米 X27 厘米 X64 厘米
铜像系梅兰芳 1919 年首次访问日本时，由日本雕塑家朝仓文夫创作并赠予梅兰芳，一直由梅兰芳收藏。后为梅兰芳纪念馆馆藏。此铜像共两尊，一尊存于日本早稻田大学，一尊存于我馆。

中国佛教图书文物馆
China Buddhist Library and Cultural Relics Museum

历史文化类
Historical Culture

免费
Free

法源寺是北京城内现存历史最悠久的古刹，唐太宗为纪念阵亡将士而建此寺，赐名悯忠寺。北宋钦宗皇帝被金国俘虏后押解途中曾囚禁于此。顺治皇帝曾在此建戒坛，康熙皇帝曾赐"觉路津梁""存诚""藏经阁"三块匾额，雍正皇帝赐名法源寺。建筑布局为明代形成，古建筑为清代所存。殿堂造像在"文革"中损毁殆尽，目前殿堂中的造像为"文革"后从各地调集而来的文物。1980年5月，为更好地征集、保存、研究相关文物，在此成立中国佛教图书文物馆。目前常设展厅有历代石刻展、历代佛教造像展、观音造像文物展，在各进院落内可以欣赏到很多珍贵的石刻和法器等文物。

寺内大雄宝殿及悯忠殿前后栽有一百多株丁香树，每年4月紫色和白色丁香花盛开，上百年来群众自发来法源寺赏花已经成为一种习俗。"法源寺丁香赏花习俗"于2017年5月申报成为西城区级非物质文化遗产。每年4月10日下午举办的丁香诗会，已成为北京市一项具有广泛影响力的群众文化品牌活动。

西城区 Xicheng District

📍 北京市西城区法源寺前街7号
No. 7 Fayuansiqian Street,
Xicheng District, Beijing

🕐 **08:30-16:00**
15:50停止入馆
每周一例行闭馆

📞 010—63554682

🏞 谭嗣同故居（1公里内）
湖南会馆 绍兴会馆（1公里内）

🛒 牛街商圈（2公里内）

🎞 广安门电影院（1公里内）
宣武图书馆（2公里内）

明代铜制毗卢佛巨像

毗卢殿内供奉一尊明代铜制毗卢佛巨像，共分三层，下层为千朵莲瓣巨座，每一个莲瓣上镂有一尊小佛像；中层东南西北四个方向各有一佛，最上层为毗卢遮那佛，庄严肃穆。

北京市白塔寺管理处

Beijing Miaoying Temple Management Office

历史文化类 Historical Culture ￥ 收费 Charge

白塔寺历史文化展

妙应寺坐落于北京市西城区阜成门内大街，因院内白塔又称白塔寺。作为营建元大都城的重要工程之一，白塔由忽必烈亲自勘察选址，敕令尼泊尔著名工艺家阿尼哥设计建造。白塔作为地标性建筑与大都城并称为"金城玉塔"。

"冀神龙之扶护，资社稷之久长"，白塔的建造，不仅见证了元王朝的建立，也被寄予护持国运久长的美好寓意。

白塔寺的历史悠久，始建于元，重建于明，复兴于清，院内白塔是北京地区现存唯一完整的元代文物遗存，也是中国内地现存年代最早、体量最大的藏式佛塔，它既是祖国统一、民族融合的象征，又是中国与尼泊尔文化交流源远流长的历史见证。因其珍贵的历史文化价值，1961 年 3 月 4 日，妙应寺白塔被国务院公布为第一批全国重点文物保护单位。

📍 北京市西城区阜成门内大街 171 号
No.171 Fuchengmennei Street,Xicheng District,Beijing

🕐 **09:00-17:00**
16:30停止入馆
每周一例行闭馆(如遇节假日另行通知)

📞 010-66166099

🏞 万松老人塔(正阳书局)(2公里内)

🛒 金融街商圈(2公里内)

📖 梅兰芳大剧院(2公里内)
中国儿童中心(2公里内)

元代覆钵式白塔

白塔始建于 1271 年，高约 51 米，是尼泊尔工艺家阿尼哥依据古印度窣堵坡式佛塔式样，融合中尼佛塔建筑艺术，设计建造出的覆钵式佛塔。白塔是元大都城保存至今唯一完整的元代文物遗存，也是中尼友好交往的重要见证。

北京郭守敬纪念馆

Beijing Guo Shoujing Memorial Hall

历史文化类 Historical Culture

免费 Free

北京郭守敬纪念馆于 1988 年建成并对社会开放，为北京市首批免费开放博物馆。北京市爱国主义教育基地、大运河博物馆联盟成员单位、西城区河长制湖长制宣传教育基地、西城区新时代文明实践基地。

纪念馆基本陈列以"世界名人郭守敬•世界遗产大运河"为主题，第一展厅"世界名人郭守敬"，以大事记的形式介绍郭守敬的一生，以及他在天文、水利、历法等领域做出的卓越贡献；第二展厅"大都水利开新篇"，郭守敬对元大都水利系统的规划、建设、作用及其历史贡献；第三展厅"通大运河树丰碑"，介绍郭守敬在贯通京杭大运河中的主要做法及意义；第四展厅"前贤遗珍惠后人"，介绍郭守敬大都治水的历史遗产对今天的作用与影响。

通过这四个展厅的内容，系统介绍郭守敬一生的功绩及其对北京城市历史发展的贡献。通过多种创新的展陈形式，生动地展示了郭守敬在中国古代天文、水利等方面所取得的成绩，更用心诠释了大运河在凝聚民族文化、承载中华传统方面的巨大成就。

📍 北京市西城区德胜门西大街甲60号汇通祠内
Huitong Temple, No. 60(A) Deshengmen West Street, Xicheng District, Beijing

🕐 旺季:3月31日-10月31日
09:00-17:00,16:30停止入馆
淡季:11月1日-次年3月31日
09:00-16:00,15:30停止入馆
每周一例行闭馆(如遇节假日另行通知)

📞 010—83224626

⌂ 西海 (500米内)
汇通祠 (500米内)

🛒 什刹海商圈 (1公里内)

📄 西海艺术馆 (500米内)
解放军歌剧院 (500米内)

简仪模型

郭守敬仰望星空的时候，用的是他自己改进的一台仪器，叫作简仪。这台仪器在前人的基础上，进行了较大改进，极大地提高了观测的精确度，更通过几处巧思设计，让它成为领先世界几百年的天文仪器。

北京红楼文化艺术博物馆

Beijing Honglou Culture and Art Museum

综合地志类
Chorography

¥ 收费
Charge

　　北京红楼文化艺术博物馆，又称北京大观园，是京城中一张闪耀着传统文化光芒的名片。此园占地辽阔，广达11万平方米，园内景致如画，亭台楼阁错落有致，佛庵庭院古朴幽静，湖光山色交相辉映，繁花名木点缀其间，恍若人间仙境。

　　大观园兴建于1984年，历经岁月沉淀，如今已蜕变为兼具古典园林之貌、红楼文化之韵、博物馆功能之全的旅游胜地。它不仅是京城一处极具特色的古典园林，更是承载着深厚传统文化底蕴的艺术殿堂。在这里，我们不仅能够欣赏到古典园林的美景，更能够深入感受到中华传统文化的博大精深。红楼文化作为中国传统文化的重要组成部分，通过大观园这一载体得以传承和发扬。

　　园内院落各具特色，富丽堂皇的怡红院，幽静雅致的潇湘馆，阔朗大气的秋爽斋……每一处都仿佛诉说着红楼故事中的悲欢离合。室内蜡塑人物栩栩如生，形象逼真，仿佛穿越时空，与红楼人物共话。

　　漫步于大观园中，曲径通幽，禅房花木深，每一处景致都充满了诗意。游客们或吟诗作画，或赏花品茶，或聆听古风雅韵，尽情享受这份难得的雅致与宁静。而若穿上古装，行走于园中，更是仿佛穿越了时空，与那些红楼人物一同漫步于这如诗如画的园林之中，共同演绎着那段永恒不朽的传奇。

📍 北京市西城区南菜园街12号
No. 12 Nancaiyuan Street,
Xicheng District, Beijing

🕐 07:30-16:30
16:30停止入馆

📞 010—63582011

⛰ 北京大观园（500米内）
金中都公园（1公里内）

🛒 广安门商圈（2公里内）

📄 古井酒文化博物馆（1公里内）
建都之始博物馆（2公里内）

绢塑"奉喻联诗"

　　"奉喻联诗"描写的是元妃回府省亲，命宝玉和众姐妹联诗的场景。这组由辽宁周玉璋老先生制作的绢人既夸张又不失实，既华丽又不媚俗，既符合原著又经提炼加工，其造型各具特色，表情因人而异，是绢塑中的精品。

古陶文明博物馆
Ancient Pottery Civilization Museum

历史文化类
Historical Culture

收费
Charge

　　古陶文明博物馆是大陆第一批民办博物馆，位于北京市西城区右安门内西街 18 号近大观园北门处，由收藏家路东之创办，是第一座陶的专题博物馆，藏品以新石器时代彩陶、周秦汉唐陶器、战国秦汉砖瓦、战国秦汉封泥四大系列兼及其他相关领域约 3000 件文物，构成以古陶文明为主脉、以艺术考古为特色的收藏体系，构成一部近乎完整而形象生动的古陶文明史。

　　古陶文明博物馆牢记使命，积极参与北京博物馆之城建设，发挥博物馆职能作用。在研究、展览、博物馆教育、文创产品开发等领域努力耕耘。

　　古陶文明博物馆接待国内外专家学者、普通观众数十万人，出版或合作出版《秦封泥集》《问陶之旅》等。在东京、大阪、清华大学等国内外相关机构进行专题演讲，开展博物馆教育进校园社会、将学生请进博物馆等百余场次教育体验活动。

📍 **北京市西城区右安门内西街18号（大观园北门）**
No. 18 Youanmen Nei West Street, Xicheng District, Beijing (North Gate of Daguanyuan)

🕐 **09:00-17:30**
16:30停止入馆
每周一、周二（春节、五一、十一）例行闭馆

📞 010—63538811

⛰ 北京大观园（500米内）
金中都公园（1公里内）

🛒 王府井商圈（500米内）

📄 更读书社（500米内）
坊间书阁（2公里内）

秦"右丞相印"封泥

秦封泥系列，被称为"秦文化史上又一次重大发现"，涵盖了辅佐始皇的丞相、三公九卿职官、郡县、宫苑等，揭示了失载的郡县，揭示了秦政治、经济、文化等内容，被考古、秦汉史学专家称为"统一的中国封建王朝第一部百官表和地理志，是中国百代政治体制的源头档案"，是"秦始皇批阅文书的遗物"。

中国钱币博物馆
China Numismatic Museum

历史文化类
Historical Culture

免费
Free

西城区 Xicheng District

中国钱币博物馆位于北京市西城区西交民巷 17 号，成立于 1992 年，是人民银行直属的国家级钱币专业博物馆，拥有藏品 20 余万件。其馆址建筑为原北洋保商银行和原中央银行北平分行，均为全国重点文物保护单位，也是北京西交民巷近代银行建筑群的组成部分。基本陈列"中国货币通史陈列"深入研究挖掘钱币背后的历史文化内涵，利用多种陈展手段，通过钱币实物讲述中国历史和中国故事。展览从货币的起源谈起，从春秋战国至秦一统中国，多种形态的青铜铸币统一于方孔圆钱，一直讲到中国共产党领导下的红色货币，截至中国人民银行的成立并发行人民币。通史陈列展出历代各种材质货币 2800 余件，配以大量图片文字和背景资料，完整再现了中国两千多年连续不断铸造发行货币的历史。该展览于 2021 年获得第十八届（2020 年度）"全国博物馆十大陈列展览精品推介"优胜奖。博物馆现为北京市爱国主义教育基地和全国爱国主义教育示范基地。

📍 **北京市西城区西交民巷17号**
No. 17 Xijiaomin Alley, Xicheng District, Beijing

🕐 **09:00-17:00**
16:00停止入馆
每周一例行闭馆

📞 010—66024178

⛰ 西交民巷（500米内）
天安门广场（500米以内）

🛒 大栅栏商圈（1公里以内）

🏛 国家大剧院（1公里内）

"重以黄釿"四字空首布

中国钱币博物馆藏"重以黄釿"四字空首布，为春秋中晚期晋国铸造的货币。重 29 克、长 118 毫米、宽 41 毫米，文字清晰，钱体完整，存世罕见。耸肩尖足空首布，多为无文和单字，两字以上耸肩尖足空首布存世较稀少。

文化和旅游部恭王府博物馆

Prince Kung's Palace Museum

历史文化类 Historical Culture ¥ 收费 Charge

　　文化和旅游部恭王府博物馆隶属于中华人民共和国文化和旅游部，是建立在恭王府遗址基础上，以王府历史文化为研究展示传播核心的社区博物馆。1982 年列入全国重点文物保护单位，2012 年晋级国家 5A 级旅游景区，2017 年被评为国家一级博物馆。

　　该馆作为北京保存最完整且唯一对社会开放的清代王府建筑群，具有珍贵的历史文化价值。此府始建于乾隆四十五年（1780年），大学士和珅奉旨建十公主府。嘉庆四年（1799 年）被赐给庆王永璘，为庆王府。道光三十年（1850 年），咸丰皇帝将此府赐给恭亲王奕䜣，始称恭王府。

　　恭王府由府邸和花园两部分组成，总占地面积约 6.2 万平方米，其中府邸占地约 3.3万平方米，花园占地约 2.9 万平方米。府邸为三路五进院落，融汇了清代官式与民间、北方与南方建筑的精华，是中国清代古建筑中的珍贵遗产。花园原名朗润园，民国时期更名为萃锦园，内有园林景观 44 处，糅合了皇家园林与文人园林的营造手法，是清代王公府园的典范。后罩楼、西洋门、大戏楼和福字碑堪称"三绝一宝"。

　📍 **北京市西城区前海西街17号**
No. 17 Qianhai West Street,
Xicheng District, Beijing

🕐 **08:30-17:00**
16:10停止入馆
每周一例行闭馆

📞 **010—83288149**

⌂ 涛贝勒府（500米内）
什刹海（1公里内）

🛒 什刹海商圈（1公里内）

📄 什刹海剧院（500米内）

清康熙郎窑红荸荠瓶

瓶撇口，粗长颈、扁圆腹、圈足，因状如荸荠而得名。瓶内壁和圈足均施白釉，外壁通体施红釉，釉面光亮，开有细纹片。由于施釉较薄，器口边沿处的釉面在高温熔融下有垂流现象，使器口显露胎骨，并使下半部积釉色浓。圈足内白釉泛黄且开有细纹片，俗称"米汤底"。

慈悲庵
Compassion Temple

革命纪念类
Revolutionary Memorials

免费
Free

　　慈悲庵坐落于土台之上，是一座所谓的"高庙"，土台四周原为砖砌斜坡或壁立的高墙。1978—1979年重修陶然亭、慈悲庵时，改砖砌为毛石砌陡壁。庵内建筑，均依光绪二十三年（1897年）的布局重建。慈悲庵的台基呈"凸"字形，高出地面约4米，建筑占地面积1094平方米，院落面积2469平方米。

　　东北角台基墙上，嵌有汉白玉文物保护标志牌一方，刻"北京市重点文物保护单位，陶然亭·慈悲庵。北京市革命委员会一九七九年八月二十一日公布。北京市文物事业管理局一九八一年七月立。"

　　慈悲庵中的陶然亭是中国"四大名亭"之一，建成于清康熙三十四年，建成以来吸引众多文人雅士来此修禊雅集。清中后期林则徐、谭嗣同、秋瑾等仁人志士都曾来访于此。五四运动前后，李大钊、毛泽东、周恩来、高君宇等中国共产党早期革命者先后在此开展革命活动。

📍 **北京市西城区太平街19号**
No. 19 Taiping Street, Xicheng
District, Beijing

🕐 **4月1日-10月31日**
08:00-18:00，17:30停止入馆
11月1日-3月31日
08:30-17:30，17:00停止入馆
每周一例行闭馆（法定节假日除外）

📞 **010—63537380**

⛰ **陶然亭公园（500米内）**

高君宇墓碑

高君宇的墓碑正面竖刻："吾兄高君宇之墓"；其左竖刻："民国十四年端阳节立"。第二级基石正面及右面竖刻高君宇胞弟高全德撰写的碑文。

北京湖广会馆、北京戏曲博物馆

Beijing Huguang Guild Hall&Beijing Opera Museum

艺术类 免费
Art Free

北京湖广会馆，这座承载着深厚历史底蕴的建筑，始建于1807年，即清嘉庆十二年。岁月流转，至1830年，会馆又增设了巍峨的大戏楼，一时间成了京城文化的新地标。这座会馆最初是湖南、湖北两省乡亲们的聚会之所，共叙乡情，共谋发展。

历史的车轮滚滚向前，北京湖广会馆见证了诸多重大事件。1912年8月，一代伟人孙中山先生曾在此主持大会，宣告国民党的成立。这一历史事件，不仅为会馆增添了浓重的政治色彩，也使其在中国近代史上留下了浓墨重彩的一笔。

在文化艺术领域，北京湖广会馆同样声名显赫。谭鑫培、余叔岩、梅兰芳等京剧界的泰斗级人物，都曾在这大戏楼的舞台上留下过他们精彩的表演。他们的艺术足迹，不仅为会馆增添了无尽的光彩，也为中国京剧艺术的发展留下了宝贵的财富。

时光荏苒，1997年，北京戏曲博物馆在湖广会馆的基础上成立。馆内陈列着大量珍贵翔实的文物及资料，这些珍贵的展品不仅展示了中国戏曲的发展历史，也讲述了北京湖广会馆从建立到发展的历史沿革。如今，这座会馆已成了一个集历史、文化、艺术于一体的综合性博物馆，吸引着无数游客前来参观学习。

📍 **北京市西城区虎坊路3号**
No. 3 Hufang Road, Xicheng District, Beijing

🕐 **09:30-17:00**
16:30停止入馆
每周一例行闭馆(节假日另行通知)

📞 010-63518284

🏞 八大胡同 (1公里内)

🛒 琉璃厂文化节商圈 (1公里内)

📄 中国书店(瑞祥大厦店) (500米内)

陈德霖《升平署》腰牌

此藏品是戏曲名伶陈德霖先生进宫唱戏时所佩戴的腰牌，由清宫内务府颁发升平署所发。是进入皇宫的通行证，上面有腰牌制造年份以及所佩戴人面部特征的详细介绍。腰牌材质为金丝楠木。

北京宣南文化博物馆

Beijing Xuannan Culture Museum

历史文化类 Historical Culture **免费** Free

北京宣南文化博物馆坐落于明代古刹长椿寺内，于 2005 年 11 月 30 日正式对外开放，现为国家 AAA 级旅游景区，北京市爱国主义教育基地。

馆内设基本陈列"风声、雨声、读书声——北京宣南士乡历史文化展"，展览分为"此地为宣南""士聚宣南""斯文在兹""先忧天下""宣南新声"五部分，围绕宣南士乡的城市空间、士人群体的生活空间、学术活动、精神追求等梯次展开，多维度解读宣南文化、宣南士乡的精神特质，展现清代宣南士人群体以学术研究、文学艺术创作等活动为依托，心系家国、引领时代、勇于担当的人文精神。

长椿寺始建于明万历四十年（1612 年），是明神宗朱翊钧遵生母慈圣李太后之意，敕令为高僧水斋禅师营建的。明神宗赐名"长椿"，意在祝祷其母健康长寿。作为皇家敕建庙宇，长椿寺曾盛极一时，明末清初有"京师首刹"之称。长椿寺地处宣南士乡，也是宣南士人的燕集酬唱之地。2019 年，长椿寺成为全国重点文物保护单位。

📍 **北京市西城区长椿街9号**
No. 9 Changchun Street, Xicheng
District, Beijing

🕐 **09:00-16:30**
16:00停止入馆
每周一、周二例行闭馆

📞 010—63015413
010—83167249

⌂ 宣武艺园（1公里内）
报国寺（2公里内）

🛒 牛街商圈（2公里内）

《敕建大祚长椿寺赐紫衣水斋禅师传》石碑

该石碑由明万历年间工部郎中、明代著名书法家米万钟撰书，是长椿寺仅存于馆内的镇寺之宝。碑文记载了开山祖师晚明高僧水斋禅师的生平事迹，以及明神宗朱翊钧遵生母慈圣李太后之意敕令建立长椿寺的经过。

北京李大钊故居

Former Residence of Li Dazhao in Beijing

革命纪念类
Revolutionary Memorials

免费
Free

北京李大钊故居位于北京市西城区文华胡同 24 号（原石驸马后宅三十五号）。1920年春至 1924 年 1 月，李大钊及家人在此居住近四年，这是他在故乡之外与家人生活时间最长的一处居所。这里见证了李大钊传播马克思主义、创建中国共产党、领导北方工人运动、促成第一次国共合作等一系列最具代表性的革命实践活动，也是他简朴生活和高尚道德情操的真实写照，具有丰富厚重的文化内涵。故居与北侧的民族文化宫相望，为民国时期民居建筑，质朴宁静，院落西侧屹立的李大钊同志半身铜像，庄严凝重，故居院内两株海棠树，生机盎然。

现展览陈列由"原状陈列展"和"播火者——李大钊革命思想与实践"专题展两个部分组成。

北京市西城区文华胡同24号
No. 24 Wenhua Hutong, Xicheng District, Beijing

09:00-17:00
16:30停止入馆
每周一、周二例行闭馆
（法定节假日除外）

010—66011512

金融街商圈（1公里内）

《史学要论》

李大钊长子李葆华存李大钊著作《史学要论》。

北京历代帝王庙博物馆

Beijing Temple of Ancient Monarchs Museum

北京历代帝王庙博物馆始建于明嘉靖九年（1530年）。它是明清两朝祭祀三皇五帝、历代帝王和文臣武将的皇家庙宇，1996年国务院公布为全国重点文物保护单位。

该馆始终以三皇五帝为祭祀中心，体现了三皇五帝崇高的祖先地位；庙中入祀人物不断增多，至清乾隆时期，在景德崇圣殿内供奉三皇五帝和历代帝王188人的牌位，在东、西配殿供奉历代文臣武将79人的牌位。清代中后期建有关帝庙，单独供奉关羽。

该馆占地21500平方米，建筑面积6000平方米。建筑群坐北朝南，以中轴线形成纵深排列，由南向北依次为影壁、庙门、景德门、景德崇圣殿、祭器库，中轴线两侧分列燎炉、东西配殿、碑亭。东南侧有钟楼、神厨、神库、宰牲亭、井亭，西南侧有遣官房、乐舞执事房、典守房、斋宿房以及关帝庙。整体布局气势恢宏，彰显出皇家庙宇的尊贵和气派，为中国古建筑精品。

📍 **北京市西城区阜成门内大街131号**
No. 131 Fuchengmen Inner Street, Xicheng District, Beijing

🕐 **09:00-16:30**
16:00停止入馆
每周一、周二例行闭馆

📞 010—66120186

🏛 妙应寺白塔（500米内）
万松老人塔（1公里内）

🛒 金融街商圈（500米内）

📄 北京地质礼堂（500米内）

北京空竹博物馆
Beijing Diabolo Museum

历史文化类
Historical Culture

免费
Free

空竹是一种用线绳抖动使其快速旋转而发出声响的玩具,多以木、竹为材料制成,因其轮内空心而有竹笛,因而得名。空竹文化集审美、工艺、表演和娱乐于一身。2006年经国务院批准,"抖空竹"项目被列入第一批国家级非物质文化遗产名录。为了更好地保护这一非物质文化遗产,2009年5月18日,西城区广内街道特别规划建设了专门发掘、展示、传播空竹文化的"北京空竹博物馆"。

空竹技艺篇、空竹传承保护篇等展览,以及空竹制作和销售互动展示区域等三个展厅。最为真实、鲜活地展示了空竹民俗文化的发展历史、空竹制作工艺和抖动技法,比较全面地收集了不同地域、不同时期、不同种类的代表性的空竹实物,馆内陈列共有475件。

📍 北京市西城区报国寺小星胡同9号
No. 9 Xiaoxing Hutong, Baoguo Temple, Xicheng District, Beijing

🕐 **09:00-16:00**
16:00停止入馆
每周一例行闭馆

📞 010—83115726

⛰ 广宁公园(500米内)
宣武艺园(1公里内)

🛒 广安门商圈(500米内)

📄 广内街道图书馆(2公里内)

寿星老牌空竹(民国时期)

寿星老牌空竹生产于民国时期,距今已有近百年的历史。

北京菜百黄金珠宝博物馆
Beijing Caibai Golden Jewelry Museum

自然科技类
Natural Science

免费
Free

北京菜百黄金珠宝博物馆于 2020 年底经北京市文物局正式备案并对外开放，坐落于北京市西城区广安门内大街 306 号菜百首饰总店，是中国博物馆协会、中国旅游景区协会、北京博物馆学会、北京市文化和旅游协会的会员单位，还作为非遗体验基地被纳入北京市文化旅游体验基地名单，先后荣获年度文化消费示范力金榜、北京网红打卡地、北京十大文化消费地标等称号。

北京菜百黄金珠宝博物馆内展出有珍贵黄金珠宝玉石、矿晶、虫珀等藏品近千件，涵盖宝石学、矿物学、古生物学等领域，例如宝中之宝"狗头金"、世界较大较完整的天河石晶体、巨型水晶晶洞等。同时，博物馆设有寿山石雕"满汉全席盛宴""珊瑚海洋世界""荧光矿物小屋"等二十余处主题打卡点。为充分发挥博物馆社教职能，博物馆建立"菜百黄金珠宝文化学苑"，积极开展文化科普讲座、开

发"博物馆进校园"特色课程等项目。

未来，北京菜百黄金珠宝博物馆将进一步发挥馆店结合优势，推动文旅消费升级，打造集"游"网红打卡地标、"赏"矿晶原石藏品、"学"非遗结绳技艺、"享"首饰保养服务、"购"精美翠钻彩宝，五大属性于一体的创新模式，开启博物馆文化营销新篇章。

📍 **北京市西城区广安门内大街306号**
No. 306 Guang'anmen Inner Street, Xicheng District, Beijing

🕐 **09:30-21:00**

📞 **010—83520088-666**

⛩ **报国寺（500米内）**
法源寺（1公里内）

🛒 **牛街商圈（500米内）**

天河石矿物标本

该天河石标本重达 339 千克，其颜色为浓艳的蓝绿色，同时又与许多黑色电气石共生，非常罕见稀有，是目前世界上可见到的较大、较完整的天河石晶体。

北京茶叶博物馆
Beijing Tea Museum

其他类
Themed Museum

免费
Free

北京茶叶博物馆位于"中国茶叶第一街"——马连道 14 号京华茶业大世界四楼，面积近 900 平方米，是马连道茶叶街的"茶魂"。也是中国北方最大的茶叶博物馆。自 2016 年开馆以来面向公众免费开放。北京茶叶博物馆历时三年建成，收藏了百余件茶事藏品，馆藏丰富，类型多样，包括字画文玩、茶具茶器、茶叶茶样等，全面而系统地展现了我国历史悠久、博大精深的茶文化。

北京茶叶博物馆以茶及茶文化的传播展览为主题，分为序厅、茶之源流、茶之内涵、茶之体验、尾厅五个部分，在内容上全面展示了中国茶文化的起源、发展和传承。为了提高展馆知识的趣味性、互动性和参与性，茶博物馆运用灯光渲染、实物展示、实景还原、电子翻书、幻影成像、沉浸式体验等高科技手段，调动参观者的视觉、听觉、触觉、嗅觉、味觉等多感官，营造全方位体验效果。进入展馆，参观者将穿越千年，浏览中华茶文化发展史；系统了解中国茶叶大家族中各色名茶的种植、加工以及品饮方式；解析茶叶作用于人体健康的科学原理；面向未来，从综合利用的视角，放眼"神奇的东方树叶"造福人类的美好前景。

📍 北京市西城区马连道14号京华茶业大世界四层
Floor 4, Jinghua Tea World, No. 14 Malian Road, Xicheng District, Beijing

🕐 **09:00-17:00**
16:00停止入馆
每周一例行闭馆 (法定节假日除外)

📞 010—63312802

🏞 常乐坊街心公园 (500米内)
蔺圃园 (1公里内)

🛒 第三区商业街 (500米内)

📖 火家瓦社 (500米内)
北京传承紫砂艺术馆 (1公里内)

金瓜贡茶

金瓜贡茶是清代保存至今的普洱茶，距今已有 100 多年的历史，是当年云南生产的普洱茶进贡给清代朝廷所制。因其形似南瓜，茶芽常年存放后色泽金黄，得名金瓜茶，是专为进贡清代朝廷的贡品，称其"金瓜贡茶"。取瓜瓞绵绵，吉祥之意，寓意子孙昌盛，兴旺发达。

北京天桥印象博物馆

Beijing Tian Qiao Museum

历史文化类
Historical Culture

免费
Free

桥在中轴上,地临御路旁。

北京的天桥,位于北京城中轴线上的南段。天桥历史上戏园书馆林立,民间艺人云集,无数文人墨客、名伶志士在这块土地上学艺、生活,并最终成长为一代名师。清代诗人易顺鼎的诗句"酒旗戏鼓天桥市,多少游人不忆家",点染了天桥文化的面目。

北京天桥印象博物馆坐落于北京中轴线,建筑面积 3300 平方米,于 2018 年 5 月正式对外开放。本馆立足北京中轴线文化特色,深入挖掘首都演艺区红色文化资源,以天桥历史文化发展传承为线索,通过现代展陈手段和高科技互动项目,以天桥丰富的历史文化为背景,倾力打造了"中轴的红飘带"党建主题教育系列活动,全面展示天桥地区的历史沿革、景观风貌及文化遗存。作为北京中轴线上的文化新阵地,天桥印象博物馆以传承保护好这份宝贵的历史文化遗产、弘扬中华传统文化精神为己任,向世界人民展现着中国文化的博大与自信。

📍 北京市西城区天桥南大街7号市民广场B1
B1, Citizen Square, No. 7 Tianqiao South Street, Xicheng District, Beijing

🕘 **09:00-17:00**
16:30停止入馆
每周一例行闭馆

📞 **400-968-6155**

🏞 陶然亭公园(2公里内)
三里河公园(2公里内)

🛒 天桥商圈(500米内)

📄 北京天桥艺术中心(500米内)
宣南书馆(500米内)

王大观《旧京天桥一览图》

《旧京天桥一览图》反映了老北京天桥地区繁华的市井百态。左上处是气势雄伟的永定门城楼,使人一眼就能认出这是历史悠久的天桥地区。可以说这幅《旧京天桥一览图》不是他有什么惊人的笔墨技巧,而是因为王大观先生能以真挚的感情,真实地反映老北京人民生活,让人感到自然、朴实、亲切。

视障文化博物馆
Visually Impaired Cultural Museum

中国盲文图书馆下设有视障文化博物馆，是盲人文化展览展示窗口。视障文化博物馆内设有视障文化展区、触摸文明展区、爱眼护眼展区、残疾人美术作品展区四大部分。展区面积约1050平方米，展品数量约300余件。

视障文化展区是国内首个以视障群体和视障文化为主题、集中展示视障群体智慧和创造、面向社会大众开放的展区。体验馆分为盲人与盲人文化、盲文与盲文图书馆、视障科技文化、新中国盲人事业和黑暗体验区几大部分，集特色展示、文化传承、互动体验多功能于一身。

触摸文明展区让盲人以触觉、听觉等感知方式理解人类文明的发展历程，深受视障人群的喜爱。馆内设置的无障碍导航耳机、智能机器人等设施，让盲人更直观地去了解。

爱眼护眼展区以爱眼、护眼为主题，共分四个展区。通过人类眼睛的起源于进化、动物之眼看世界、眼睛与健康、光学探索、保护我们的眼睛、眼科器械等主题，帮助观众初步了解眼睛的基本原理，如何保护自己的眼睛，眼睛遇到了疾病该如何治疗。

残疾人美术作品展区收藏了全国残疾人书法、绘画等艺术精品300余件，循环向社会展出，定期开展残健融合书画笔会活动，促进残疾人自强不息奋斗精神，展示残疾人对美的不懈追求和独特表达。

📍 **北京市西城区太平街甲6号**
A6 Taiping Street, Xicheng District, Beijing

🕐 **09:00-16:00**
15:30停止入馆
每周六、日及法定节假日例行闭馆

📞 **400-6107868**

⛰ 陶然亭公园（1公里内）
天坛公园（2公里内）

🛒 天桥商圈（2公里内）

🏛 北京天桥艺术中心（1公里内）
天桥剧场（1公里内）

新中国第一本盲文书

《谁是最可爱的人》盲文版书籍是新中国成立以来我国正式出版的第一本盲文书。

北京六必居博物馆

Beijing Liubiju Museum

历史文化类
Historical Culture

免费
Free

位于北京前门大栅栏粮食店街的"六必居酱园"始创于明正统元年（1436 年），至今已有近六百年的历史。

2008 年 6 月"六必居酱菜制作技艺"被列入国家级非物质文化遗产保护名录。

为弘扬中华老字号悠久的历史文化，传承、保护、发展弥足珍贵的民族品牌，2019 年建成了"六必居博物馆"。

全馆占地面积 1596 平方米，建筑面积1853 平方米。分为三层，总共四个展示单元，即"食肴之将""源远流长""涅槃重生""与时俱进"，以及一家"传承人工作室"。馆内陈列着六必居数百年来的账册、照片、功牌、印章、房契、算盘、油灯、酒壶、牌匾及生产制作工器具等近百件藏品。

悬挂于大门上方的"六必居"老匾，为明代严嵩所书，堪称镇馆之宝。馆内既有发掘的六必居明代老井，也有复原的昔日老店，更将"六必工艺"采用人物雕塑和场景融为一体的形式，展现在人们面前，使观众身临其境地了解这个历尽沧桑数百年酱园的创立与发展，共同分享中华饮食文化的积淀与传承。

北京市西城区粮食店街3号
No. 3, Liangshidian Street,
Xicheng District, Beijing

09:00-16:30
16:30停止入馆
全年开放

010—63036382

北京杜莎夫人蜡像馆（500米内）

大栅栏商圈（500米内）

中和戏院（500米内）

明代古井

明代古井为典型的山西双辘轳井结构，由每块 8 公斤重的青砖垒砌而成。古井经北京市古代建筑研究所实地勘察，认为此井从埋藏地层叠压关系，砌筑井壁的城砖等方面分析，符合明代古井特征，并认定该井为明代古井。

北京福履布鞋文化博物馆

Beijing FuLv Cloth Shoe Culture Museum

历史文化类 Historical Culture **免费** Free

北京福履布鞋文化博物馆位于北京市西城区大栅栏街34号,内联升总店三层,展厅面积约400平方米,集交流展览、数字交互、非遗传承、文化体验于一体。2023年9月28日建成开馆,目前,博物馆全年365天(除特殊活动安排外)免费向公众开放。博物馆内展陈了300余件套清代、近代和现代时期的布鞋藏品,以及与布鞋行业发展相关的广告画、鞋盒及工具等展品。分为五个部分:布鞋源起、布履中的哲学与美学、鞋业千年传奇、现代生活步履不停、国家级非遗大师工作室。参观者可以在博物馆内了解布鞋的前世今生,感受东方文化语境下的布鞋之美,领略中国制鞋行业的发展变迁。此外,参观者还可以在国家级非遗大师工作室体验量脚定制服务,与非遗传承人零距离交流。

北京市西城区大栅栏街34号
No.34, Dashilan Street, Xicheng District, Beijing

09:30-19:00
18:00停止入馆
全年不闭馆

010—63182505

前门公园(1公里内)
百花园(1公里内)

大栅栏商圈(500米内)

广德楼戏园(500米内)

清代厚底官靴

清代厚底官靴,尺寸 280 毫米 110×毫米 ×400 毫米,材质为真丝和棉布,清代官员上朝时所穿靴鞋。

西城区 Xicheng District

*福州新馆（北京市林则徐禁毒教育基地）

Fuzhou New Pavilion (Beijing Lin Zexu Anti-Drug Education Base)

其他类
Themed Museum

免费
Free

福州新馆（北京市林则徐禁毒教育基地）创建于清嘉庆二十一年（1816年），为林则徐在京任职期间筹资购置，曾是清代福建同乡居停聚会之处。现为西城区不可移动文物，占地面积669平方米，建筑面积466平方米。2019年12月14日作为北京市林则徐禁毒教育基地正式免费对公众开放。2021年正式挂牌成为北京市西城区爱国主义教育基地、北京市爱国主义教育基地和全国禁毒宣传教育基地。

馆内常设展览为"禁烟英雄林则徐主题展"，通过实物、图片、多媒体创作画等形式，展示了禁烟英雄林则徐从贫寒子弟成长为国家栋梁的心路历程，重点呈现了他在鸦片流毒深重的严峻形势下，毅然领导禁烟运动的历史功绩。此外，"禁毒斗争 任重道远专题展"回顾了中国近代以来的禁毒历程，展示新中国禁毒事业的成绩，特别是新时代禁毒工作的重要部署和创新实践。展览以科普形式解读毒品危害、新型毒品特点，重点传播防范毒品的常识和技能。

📍 北京市西城区骡马市大街51号
No. 51 Luomashi Street, Xicheng District, Beijing

🕐 09:00-16:30
16:00停止入馆
每周一例行闭馆

📞 010—86229256

⛰ 陶然亭公园（2公里内）
纪晓岚故居（2公里内）

🛒 琉璃厂文化节商圈（2公里内）

📄 春树街道图书馆（1公里内）
西城区第二图书馆（2公里内）

毒品实物模型

近年来，生活中常见的零食、饮料，已经成为毒品的伪装。这类毒品的包装与正常商品极其相似，但其中就可能隐藏着毒品，极易让人在不知情的情况下误服、误用。常见的一些新型毒品，如"改造"后的奶茶、邮票、饮料等。

西城区 Xicheng District

*京报馆旧址（邵飘萍故居）

Site of the Jing Pao Office (Former Residence of Shao Piaoping)

革命纪念类
Revolutionary Memorials

免费
Free

京报馆旧址（邵飘萍故居）位于西城区椿树街道魏染胡同30号、32号，是传奇报人、革命志士邵飘萍办报和生活的地方。1925年10月26日《京报》在落成，自建全新的报馆，是为京报馆。1984年，京报馆被列为北京市文物保护单位。2021年，京报馆原址修缮完工，布设展陈，作为北京市爱国主义教育基地向社会开放，2023年被列为北京市类博物馆。

结合恢复历史建筑原有风貌和保护利用功能需求，馆内设置三处展览：

"京报与京报馆"：在中国近代以来进步报刊兴起中，《京报》作为其中的代表，肩负社会责任，奋力发声，三起三落，最终湮灭于那个黑暗的时代。

"百年红色报刊"：回顾在中国共产党领导下，红色报刊从萌芽到壮大的艰辛历程，充分展现百年来党报党刊的精彩华章。

"邵飘萍生平事迹"：在京报馆邵飘萍当年起居院落，展示其从一位热血青年成长为进步报人的人生轨迹。

回溯百年红色报刊，追寻先辈的足迹，不忘初心，牢记使命！

📍 北京市西城区骡马市大街椿树街道魏染胡同30号院
No. 30 Courtyard, Weiran Hutong, Chunshu Street, Luomashi Avenue, Xicheng District, Beijing

🕘 **09:00—17:00**
16:30停止入馆
每周一例行闭馆（法定节假日除外）

📞 010—63152362

⛰ 林白水故居（500米内）
广阳谷城市森林（1公里内）

🛒 大栅栏商圈（2公里内）

🎫 正乙祠戏楼（1公里内）

影壁

馆内正前方影壁上自右至左镌刻着四个大字：铁肩辣手。原句出自明朝嘉靖年间名臣杨继盛（字椒山）的《杨忠愍公集》"铁肩担道义，辣手著文章"。邵飘萍非常推崇这两句诗并提笔写下"铁肩辣手"四字，用于自勉也勉励报业同人。

朝阳区博物馆

Museums in Chaoyang District

中国农业博物馆
China Agricultural Museum

历史文化类
Historical Culture

免费
Free

　　中国农业博物馆是我国唯一国家级农业类行业博物馆，为国家一级博物馆。基本陈列有"中华农业文明陈列"；专题陈列有"中国土壤标本陈列""中国传统农具陈列""彩陶文明陈列"和"农业科普馆"。

　　博物馆构建有农业特色的文物藏品体系，包括农业文物、自然标本、农业古籍等。近年策划推出了"百年伟业 三农华章""三农这十年——新时代农业农村发展成就展""中华农耕文明展""二十四节气专题展""中国重要农业文化遗产展""中国桑蚕丝绸展"等大型临展。推出农民画、传统年画和农业宣传画等

数字展览。

　　开展的社教和研学活动有"跟着农博过节气""最美中国节""农博讲堂"等；开发的线上科普教育资源有"云讲农博""漫步农博"等系列短视频，及农耕文化科普动画片。

　　中国农业博物馆牵头申报的"二十四节气——中国人通过观察太阳周年运动而形成的时间知识体系及其实践"于2016年被联合国教科文组织列入《人类非物质文化遗产代表作名录》；牵头申报国家重大社科基金项目"中国古农书的搜集、整理与研究"并获得立项。

📍 北京市朝阳区东三环北路16号
No. 16 East Third Ring North
Road, Chaoyang District, Beijing

🕘 09:00-16:30
16:00停止入馆

📞 团体参观需提前电话预约。
参观预约咨询：010—59199766
科普预约咨询：010—59199765
志愿服务咨询：010—59199757

🏠 凤凰中心（1公里内）

🛒 蓝色港湾（1公里内）

📖 朝阳公园（1公里内）

执锸执箕俑（汉代 四川彭山出土）

俑身高74厘米，头戴笠帽，身穿束袖交领服。左手执箕，右手握锸，腰间配长刀。锸、箕并用是古代农人的特征，配长刀说明其兼有武士身份，这是东汉豪强地主庄园中亦兵亦农、身兼劳武的"兵农"形象。农博收藏的这件俑保存之完好、器形之大、制作之精良在国内实属罕见。

中国科学技术馆

China Science and Technology Museum

自然科技类
Natural Science

收费
Charge

中国科学技术馆是我国唯一的国家级综合性科技馆，是实施科教兴国战略、人才强国战略和创新驱动发展战略，提高全民科学素质的大型科普基础设施。

中国科学技术馆新馆位于北京市朝阳区北辰东路5号，建筑面积10.2万平方米，展览面积4万平方米，展品800余件。馆内设有包括儿童科学乐园、华夏之光、探索与发现、科技与生活、挑战与未来五大主题展厅、短期展厅、公共空间展示区及球幕影院、巨幕影院、动感影院、4D影院等四个特效影院。中国科学技术馆以科学教育为主要功能，推出"定制科技馆之旅""中科馆大讲堂""科技馆里的科学课""华夏科技学堂"等活动，引导公众加深对科学与技术的理解和感悟，激发对科学的兴趣和好奇心，提高科学素质。

此外，中国科学技术馆还肩负着示范引领全国科技馆事业发展的重任。党的十八大以来，打造以实体科技馆为龙头，以流动科技馆、科普大篷车、农村中学科技馆为补充，以中国数字科技馆为平台的现代科技馆体系，逐步实现公共服务均等化。

📍 **北京市朝阳区北辰东路5号**
No.5 Beichen East Road,
chaoyang District, Beijing

🕘 **09:00-17:00**
16:30停止入馆
每周一（法定节假日除外）、除夕、正月初一、正月初二例行闭馆

📞 010—59041000

⛰ 北京奥林匹克塔（500米内）
森林公园（500米内）

🛒 亚运村商圈（1公里内）

📄 北京剧院（2公里内）
国家体育馆（2公里内）

"天和"核心舱结构验证件

"天和"核心舱是我国首个载人轨道空间站——"天宫"空间站的核心部件，被誉为核心舱"同胞兄弟"的1:1结构验证件实物在中国科技馆长期展出，让观众们充分领略迄今我国自主研制的最大、最复杂航天器的科技魅力。

炎黄艺术馆

Yan Huang Art Museum

炎黄艺术馆 是艺术大师黄胄创建的我国第一座民办公助的大型艺术馆。旨在收藏和展示中华民族优秀文化艺术品，为海内外艺术家、收藏家提供艺术交流的场地。该馆以收藏、研究、展示当代中国画为主，兼顾中国古代字画及文物文献和其他艺术作品的收藏与研究，以期推动中国画和民族美术事业的繁荣发展。黄胄先生为艺术馆捐赠了自己大量的珍贵收藏和作品，许多艺术家也为艺术馆捐赠了自己的优秀作品。

2018 年 11 月 24 日，炎黄艺术馆入选"第三批中国 20 世纪建筑遗产项目"。炎黄艺术馆建筑仿金字塔造型，显得古朴、凝重，总建筑面积 1 万多平方米。其中二层内设黄胄永久陈列展厅和艺术品商店，一、二、三层为展厅，展厅宽敞明亮，富丽堂皇。建馆以来，艺术馆举办各种大型、重要的展览百余次。此外，配合展览还举办了多次学术研讨会，特别是著名的科学家李政道与黄胄先生共同 发起的"93 科学与艺术研讨会"和由袁宝华、黄胄主持的"95 经济与文化研讨会"，在国内外产生了很大影响。

📍 北京市朝阳区亚运村慧忠路9号
No. 9 Huizhong Road, Yayuncun, Chaoyang District, Beijing

🕙 10:00-18:00
17:30停止入馆(如遇节假日可能有调整)
每周一例行闭馆

📞 010—64912902
010—64927374

⛰ 鸟巢 (1公里内)
北辰中心花园小微湿地 (1公里内)

🛒 亚运村商圈 (500米内)

📄 北京剧院 (500米内)
中影国际影城 (2公里内)

黄胄《日夜想念毛主席》

《日夜想念毛主席》是以"库尔班大叔上北京看望毛主席"这一真实感人故事为背景创作的主题画。作品完成于 1976 年毛主席逝世前夕，9月 11 日，赵朴初先生在得知毛主席逝世的噩耗之后，饱含崇敬和思念之情，在画作上题写了诗句《日夜想念毛主席》。

中央美术学院美术馆

CAFA Art Museum

艺术类 Art　收费 Charge

中央美术学院美术馆是一所集合学术研究、展览陈列、典藏修复和公共教育等功能的专业性、国际化的现代美术馆。它秉承"兼容并蓄、继古开今"的学术理念，用"智识"服务社会，致力于当代公共文化空间的建设，以全新的视野向广大公众呈现人类的艺术文明，与社会各界分享时代文化。

中央美术学院美术馆的历史可追溯到20世纪50年代初，原名"中央美术学院陈列馆"，坐落于北京市王府井帅府园校尉胡同中央美术学院旧址，由著名设计师张开济主持设计，是中华人民共和国成立后建造的第一座专业美术展览馆。1998年，陈列馆更名为"中央美术学院美术馆"。2008年，美术馆新馆落成开放，位于朝阳区花家地南街八号的中央美术学院院内，由日本著名建筑师矶崎新主持设计。中央美院美术馆于2010年底被评为首批"全国重点美术馆"之一，历任馆长包括：董希文、杨筠、孙滋溪、焦可群、王晓、汤沛、潘公凯、谢素贞、王璜生、张子康，现任馆长为靳军。

韦启美《附中的走廊》

布面油彩，1990年，140厘米 x 148厘米，中央美术学院美术馆藏。
这是韦启美先生创作于1990年的一幅代表作，也是他的油画艺术作品中最具象征意味的一幅。画面中利用空间透视和人物的肢体语言展现出一种历史与未来的遐想。环境的原型是中央美术学院附中富有历史感的走廊，蓝色的墙围、层层拱门延伸了这走廊的长度，奔跑的少女，拿画板的少年，荷马石膏像都已不是处在某种情节中的某个具体的人，人和环境都带上了"符号"的性质，充分展现了特定时代的精神内核。这件作品是以当代青年的心态表现时代的一件佳作，也是对韦启美自20世纪80年代以来坚持的诗意现实主义的一个超越之作。

📍 北京市朝阳区花家地南街8号
No.8 Huajiadi South Street,
Chaoyang District,Beijing

🕘 09:30-17:30
17:00停止入馆
每周一例行闭馆

📞 010—64771575

🏞 金隅南湖公园（2公里内）
都市心海岸（1公里内）

🛒 望京商圈（2公里内）

中国工艺美术馆(中国非物质文化遗产馆)

China National Arts and Crafts Museum（China Intangible Cultural Heritage Museum）

艺术类
Art

免费
Free

中国工艺美术馆(中国非物质文化遗产馆)是党中央、国务院在"十三五"期间决定建设的国家重点文化设施。建筑面积91126平方米，目前已形成以中国工艺美术基本陈列为主、各项精品临时展览为辅的多样陈列展览架构。该馆的建成填补了我国工艺美术和非物质文化遗产国家级博物馆的空白。

中国工艺美术馆(中国非物质文化遗产馆)是国家级工艺美术和非遗展示博物馆。收藏琳琅满目，涵盖十余个工艺美术门类，囊括新中国数千件工艺美术精珍，是代表国家和首都文化形象、彰显新时代文化建设的重要地标，也是深受人民群众喜爱的新的文化"打卡"地。

该馆自2022年落成开馆，至今已承接多次重大活动、服务观众百万人次，同时馆内具备完善的无障碍设施、急救装置以及大量配套的服务人员。在日常运营的主题邮局、主题咖啡文化空间与特色文创空间外，我馆多次举办的各类文化活动更是得到了社会的广泛参与与一致好评。

📍 **北京市朝阳区湖景东路16号**
No.16 Hujing East Road,
Chaoyang District, Beijing

🕐 **09:00-17:00**
16:00停止入馆
每周一例行闭馆(法定节假日除外)

📞 010—87991800票务中心

⛰ 北京奥林匹克公园 (1公里内)

🛒 亚运村商圈 (1公里内)

📄 国家会议中心展览厅 (1公里内)
国家体育场-鸟巢 (2公里内)

翡翠花熏 含香聚瑞

馆藏四大翡翠国宝之一。1989 年由北京玉器厂创作，原料绿翠多，质地优良，设计者们将其设计为球形花薰。作品采用了中国玉器历史上高难度的套料工艺，料中套料，小料做大。花薰由底足、中节、主身、盖、顶五部分组成。

北京中华民族博物院

China Nationalities Museum

历史文化类
Historical Culture

¥ 收费
Charge

北京中华民族博物院，亦被称为北京中华民族园，坐落于北京市的亚奥核心地带，占地面积达 28.2 公顷。自 1992 年起，在王平院长的悉心指导下，这座独特的博物院逐渐崛起。1994 年 6 月 18 日，北园建成并向公众开放；到了 2001 年 9 月 29 日，南园完成了其建设并正式开放。

作为目前全国独一无二的大型民族文化基地，中华民族博物院深刻展现了中国作为一个多民族国家的统一与和谐。这里汇聚了 56 座民族博物馆以及一座宏伟的综合场馆，每一座民族博物馆都严格遵循民族地区民居的比例，以 1:1 的精准度进行建造。其中，部分建筑是直接从民族地区原拆原建而来，力求保持其原始的风貌。同时，博物院内的园林景观也根据各民族地区的自然特色进行恢复，以期最大限度地还原各民族地区的人文风光，让每一位参观者都能深切感受到中华大地上各民族的独特魅力与风采。

朝阳区 Chaoyang District

📍 北京市朝阳区民族园路一号
No. 1 Minzu Yuan Road,
Chaoyang District, Beijing

🕐 08:30-18:00
17:00停止入馆

📞 010—62063646

⛰ 元大都遗址公园（500米内）
奥林匹克公园（1公里内）

🛒 亚奥商圈（2公里内）

🏛 国家奥林匹克体育中心（500米内）
国家体育场（1公里内）

撒拉族：宣礼楼

撒拉族博物馆由撒拉族传统民居篱笆楼和清真寺宣礼楼组成。于 2003 年从青海循化撒拉族自治县拆迁至本院原旧原状复建，为清代建筑遗存。室内陈设全是随房屋同迁，原状复原陈列。具有不可替代的撒拉族建筑文物和文化遗产价值，属本院一级文物。

观复博物馆
Guanfu Museum

历史文化类
Historical Culture

收费
Charge

观复博物馆是新中国成立以来第一家注册开办的非国有博物馆。观复博物馆为非营利机构，提倡赞助人文化，经过27年的探索和发展，已形成了独特的办馆方式，在很多方面独具特色：2005年实行理事会管理，2007年向社会开放会员制，2009年成立北京观复文化基金会。

1997年1月18日，马未都先生在北京创办了观复博物馆(本馆)。2002年创办了观复博物馆杭州馆。2005年创办了观复博物馆厦门馆。2015年创办了上海观复博物馆并开始运营。

观复博物馆馆藏主要以明清传世文物为主，注重人与历史的沟通。观复博物馆设有陶瓷馆、家具馆、门窗馆、工艺馆以及临展馆。博物馆努力打造平易近人的开放式展览，典雅独特的展出环境。与此同时，丰厚的文化底蕴，精美的展品，给观众留下了深刻而美好的印象。

基于深厚的中国传统文化，观复博物馆致力于促进人与历史的沟通，突出传统文化的亲和力，在优雅的环境中，为各国的参观者提供高质量的体验和专业的开放式的展览。

北京市朝阳区大山子金南路18号
No. 18 Jinnan Road, Dashanzi,
Chaoyang District, Beijing

周一
09:00-16:00
周二至周日
09:00-17:00
除夕，正月初一、初二、初三例行闭馆

010-64338887
010-64362308

蟹岛度假村（2公里内）

**清康熙 款彩富贵寿考花鸟博古
纹十二扇围屏**

款彩是在木板上用漆灰做地，罩黑漆或其他色漆，在上面勾勒出花纹并将轮廓内的漆灰剔去，使花纹低陷。再用各种色漆填入轮廓，方得精美画面。这种工艺在明代兴起，至清代这类大规模且精工的款彩屏风频出，传世甚广，远销海外。此组围屏，共十二扇，正面中心饰以郭子仪贺寿图，四周边加以博古格图装饰。

何扬吴茜现代绘画馆

He Yang and Wu Qian Modern Painting Museum

艺术类
Art

收费
Charge

何扬吴茜现代绘画馆设立于 1997 年，主要收藏展示艺术家何扬吴茜夫妇几十年间创作的艺术作品。绘画馆位于朝阳区金盏乡长店村，建筑面积达 1000 平方米。馆内共分为七个展区，每个展区都精心布置，分别展示了何扬不同时期的艺术作品，以及吴茜的传统中国画和新水墨画佳作。

走进大门，迎面看到的是一栋二层楼房。一层展厅展出的是何扬吴茜夫妇传统的中国画作品，其中吴茜的立轴人物画最为突出，画的大多是少数民族的妇女。其余展厅，则展出何扬先生 1993 年前后创作的《老北京的传说故事系列》，以及吴茜教授的新水墨画作品。画面上体现出来的是西方现代艺术的表达技巧和充满中国古老历史与深厚文化的内涵，令人耳目一新。何扬与吴茜夫妇从传统艺术中汲取灵感，逐步走向现代艺术的殿堂。博物馆学界的泰斗吕济民先生曾高度评价，认为这些作品对于当下研究与认知中国艺术具有极高的学术价值和收藏价值。

此外，绘画馆内还展出青年艺术家何建的部分作品。何健在国内的首都艺术学院美术院学习油画，毕业后出国，在德国卡塞尔艺术学院留学八年，形成了自己的独特风格。

📍 北京市朝阳区金盏乡长店村1128号（123号）
No. 1128 (123) Changdian Village, Jinzhan Township, Chaoyang District, Beijing

🕐 09:00-17:00
16:00停止入馆

📞 010—84338157

🚇 郁金香花园锦鲤馆（1公里内）
生态温榆河（2公里内）

何扬《海德堡古堡》

中国现代文学馆

National Museum of Modern Chinese Literature

历史文化类 Historical Culture | 免费 Free

中国现代文学馆是中国作家协会主管的公益一类事业单位，是国内最早、世界上最大的文学博物馆，是中国作协和中国文学界的宝库和窗口。文学馆是中国现当代文学的资料中心，集文学展览馆、文学图书馆、文学档案馆以及文学理论研究、文学交流功能于一身，其主要任务是展示中国现当代文学发展历史以及重要作家、文学流派的文学成就；收集、保管、整理、研究中国现当代作家的著作、手稿、译本、书信、日记、录音、录像、照片、文物等文学档案资料和有关的著作评论，以及现当代文学书籍、期刊等。

📍 **北京市朝阳区文学馆路45号**
No. 45 Wenxueguan Road,
Chaoyang District, Beijing

🕘 **09:00-16:30**
16:00停止入馆
每周一例行闭馆

📞 010—57311800

🏛 元大都城垣遗址公园 (2公里内)
国家奥林匹克体育中心 (2公里内)

🛒 望京商圈 (2公里内)

📋 北京剧院 (2公里内)

《四世同堂》手稿（部分）

《四世同堂》手稿，为老舍创作《四世同堂》的初稿，字迹工整清晰、涂改极少，具有较高的史料价值与研究价值，现珍藏于中国现代文学馆。稿纸每页 20 行，竖写，每页 400 字左右。2002年，老舍《四世同堂》手稿入选首批中国档案文献遗产名录，这也是入选文献中唯一一部中国现当代文学手稿作品。

北京民俗博物馆(东岳庙主馆)
Beijing Folk Custom Museum(Dongyue Temple)

历史文化类
Historical Culture

¥ 收费
Charge

北京民俗博物馆(东岳庙主馆)是北京唯一国有民俗类专题博物馆，坐落于北京市朝阳区朝阳门外大街141号，馆址设在全国重点文物保护单位——北京东岳庙内。

北京东岳庙始建于元代延祐六年（1319年），由元代玄教大宗师张留孙、吴全节出资修建，主祀泰山神东岳大帝，是道教正一派在华北地区最大的宫观。全庙占地约71亩，古建300余间，集中体现了元、明、清三代建筑风格，堪称古建瑰宝。历史上的东岳庙为国家祀典之所，民间祭祀活动则更为盛大，现已成为具有丰厚底蕴的民俗文化活动中心。

建设成为北京民俗的研究中心、展示中心、活动中心和传承中心是北京民俗博物馆的建馆宗旨。馆内常年举办老北京民俗风物系列展。每逢春节、端午、中秋、重阳等传统节日，本馆还将举办丰富多彩的民俗活动。北京民俗博物馆已逐渐成为京城市民和各地游客了解北京传统民俗文化的重要窗口。

📍 北京市朝阳区朝阳门外大街141号 北京民俗博物馆·东岳庙
No. 141 Chaoyangmenwai Street, Chaoyang District, Beijing; Beijing Folk Custom Museum·Dongyue Temple
北京市朝阳区天辰东路11号奥林匹克公园内 北京民俗博物馆·北顶娘娘庙分馆
Olympic Park, No. 11 Tianchen East Road, Chaoyang District, Beijing; Beijing Folk Custom Museum (Branch Museum)·Beiding Niangniang Temple

🕐 **08:30-16:30**
16:00停止入馆
每周一例行闭馆(法定节假日除外)

📞 010—65510151

🌊 富国海底世界 (1公里内)
日坛公园 (2公里内)

🛒 三里屯商圈 (2公里内)

📋 北京剧场 (1公里内)
北京工人体育场 (2公里内)

元代 张留孙道行碑

在东岳庙众多碑刻中，最为著名的是元代书法家赵孟頫撰文、书丹并篆额的"张留孙道行碑"。它成碑于元天历二年（1329年），记述了东岳庙创始人，玄教大宗师张留孙的生平事迹。此碑为赵孟頫晚期代表之作，艺术价值极高。

北京民俗博物馆（北顶娘娘庙分馆）

Beijing Folk Custom Museum (Branch Museum·Beiding Niangniang Temple)

历史文化类
Historical Culture

免费
Free

北京民俗博物馆（北顶娘娘庙分馆）是北京唯一国有民俗类专题博物馆，北京民俗博物馆分馆位于奥林匹克中心区，北京市市级文物保护单位——北顶娘娘庙内。

北顶娘娘庙始建于明宣德年间（1426－1435年），是北京历史上著名的"五顶"之一，北京城中轴线北延长线上的标志性建筑。北顶娘娘庙占地9700平方米，古建1200余平方米，遗址面积3000平方米，四进院落沿中轴线依次排列，主体建筑有山门殿、天王殿、娘娘殿、东岳殿和玉皇殿。据《燕京岁时记》记载，旧时北顶娘娘庙"每岁四月有庙市，市皆日用农具，游者多乡人"。这里曾是民间物资交流的场所，见证了北京城市发展和民俗事象的变迁。

2008年，北顶娘娘庙对外开放后，常年举办各类民俗展览和展示活动：2012年，举办了华北五省市博物馆非物质文化遗产展示活动；2013年，举办了"碧霞元君信仰与北顶娘娘庙"展览，以及以"妈祖大爱，美丽中国"为主题的纪念妈祖诞辰活动。作为人文奥运理念的重要载体，奥运期间，北顶娘娘庙向世界人民展现了中华民族悠久的历史文化，成为彰显民族精神和人文奥运的重要场所。

📍 北京市朝阳区朝阳门外大街141号 北京民俗博物馆·东岳庙
No. 141 Chaoyangmenwai Street, Chaoyang District, Beijing; Beijing Folk Custom Museum·Dongyue Temple
北京市朝阳区天辰东路11号奥林匹克公园内 北京民俗博物馆·北顶娘娘庙分馆
Olympic Park, No. 11 Tianchen East Road, Chaoyang District, Beijing; Beijing Folk Custom Museum (Branch Museum)·Beiding Niangniang Temple

🕐 **08:30-16:30**
16:00停止入馆
每周一例行闭馆（法定节假日除外）

📞 010－84504151

⛰ 冰立方冰壶馆（500米内）
鸟巢（1公里内）

🛒 亚奥商圈（2公里内）

📋 国家体育场（1公里内）
国家会议中心展览厅（2公里内）

北顶娘娘庙娘娘殿内景

北京中国紫檀博物馆

Beijing China Red Sandalwood Museum

艺术类 Art ¥ 收费 Charge

北京中国紫檀博物馆是由富华国际集团董事局主席陈丽华女士独资兴建的中国首家规模最大，集收藏研究、陈列展示紫檀艺术，鉴赏中国传统古典家具的专题类私人博物馆，填补了中国博物馆界的一项空白。博物馆于 1999 年 9 月 19 日开馆，是北京市向建国50 周年献礼的重点工程。

博物馆位于朝阳区新中国成立路 23 号，为仿明清建筑，建筑整体呈现出浓郁的民族传统风格，博物馆正门为纯木结构，使用木料400 多立方米，主体建筑使用磨砖对缝工艺，馆前广场则采用大青砖铺设后浸润桐油，这种方法过去只有皇家才使用，称为海漫斗板地面。博物馆建造时，延请了新中国成立之初就在故宫博物院工作木作专家、瓦作专家以及画作专家，可以这样说，博物馆本身就是一件壮观珍贵的工艺品，界内将其称为"活国宝"。

馆内还有以传统家具材料、造型、结构、雕刻工艺为主要内容的展示，可以让参观者清晰地了解中国传统家具的制作过程，领略其精湛的工艺。

📍 **北京市朝阳区建国路23号**
No. 23 Jianguo Road, Chaoyang District, Beijing

🕐 **09:00-17:00**
16:30停止入馆
每周一、除夕至大年初三例行闭馆

📞 010—85752818

⛰ 兴隆郊野公园（1公里内）

🛒 高碑店商圈（2公里内）

紫檀雕《清明上河图》大插屏

大插屏以北宋名画家张择端所绘的《清明上河图》为蓝本进行雕刻，展品共分 12 块，每块270 厘米，高 179 厘米，总重 5397 公斤。以紫檀木为原料，以刀代笔、以雕代画，耗时三年，既保持了原画的意境，又充分显示了雕刻的空间感和立体的艺术效果。

北京工艺美术博物馆
Beijing Arts and Crafts Museum

艺术类
Art

免费
Free

北京工艺美术博物馆成立于 1987 年，是全国第一家由企业创办的博物馆。藏品上起三代，下扩至今。馆藏各类珍精品 3044 件（套），馆藏中最具代表性的藏品集中在 20 世纪 50 年代。珍贵文物 702 套，其中一级文物 117 套、二级文物 128 套、三级文物 457 套。

该馆是广大观众了解北京传统工艺美术历史文化的重要窗口，其中有"宫廷技艺"之燕京八绝：玉雕、牙雕、景泰蓝、雕漆、花丝镶嵌、金漆镶嵌、京绣、宫毯。北京民间传统非遗工艺的"民间九珍"有：面塑、泥人、风筝、毛猴、绢花、料器、绒鸟等为主。它们代表当时北京工艺美术发展的一个重要历史阶段，是几代名师创造的一批富有时代精神的珍品佳作，藏品的精美绝伦令人震撼，堪称近现代艺术大师呕心沥血的绝世佳品。

翡翠三秋瓶

"翡翠三秋瓶"的作者为王仲元，制作于 1959 年。此件藏品是用一整块较为珍稀的杨柳绿翡翠雕刻而成，瓶身采用深浮雕镂空，以此突显立体感，瓶盖采取镂空透雕法。作者运用《田园风光图》巧妙地俏色，琢出令人陶醉的金秋景色。

北京服装学院民族服饰博物馆
Beijing Institute of Fashion Technology Ethnic Costume Museum

历史文化类
Historical Culture

免费
Free

北京服装学院民族服饰博物馆 1988 年开始筹办，2000 年经北京市文物局批准正式成立，是中国第一家服饰类专业博物馆，集收藏、展示、科研、教学为一体的文化研究机构，旨在服务社会，为教学、科研提供专业化资源，成为中华民族服饰文化的基因库。

博物馆收藏有中国各民族的服装、饰品、织物、蜡染、刺绣等一万余件。展厅面积 2000平方米，设有七个主题展厅，还有供教学及学术交流使用的多功能厅，以及中国民族传统服饰工艺传习馆。

博物馆积极开展民族服饰文化与现代设计教学和科研等活动。从服饰文化研究，服饰设计研究，服饰技艺传习等方面，探索博物馆研究与教学实践、设计实践相结合的新思路、新途径。设有"中国少数民族艺术"与"博物馆"两个硕士点，也是学院博士项目的科研、实践基地。已被正式授予"北京市爱国主义教育基地""北京市科普教育基地""北京市青少年外事交流基地"等荣誉称号，同时也是"北京市中小学生社会大课堂资源单位""北京市首批免费开放博物馆""首都民族团结进步先进单位""铸牢中华民族共同体意识教育实践基地"等，为传承、创新、弘扬中国传统文化发挥了重要作用。

◎ 北京市朝阳区和平街北口樱花路甲2号北京服装学院综合大楼三层
3rd Floor, Beijing Institute of Fashion Comprehensive Building, No. 2(A) Yinghua Road, North Entrance of Heping Street, Chaoyang District, Beijing

🕐 周二、周四
08:30-11:30, 13:30-16:30
周六
13:30-16:30
16:00停止入馆
国家法定节假日、寒暑假例行闭馆

📞 010—64288216

⛲ 大众花园（500米内）
鉴真花园（500米内）

📋 中国国际展览中心老馆（2公里内）
香河园地区文化中心（2公里内）

黄平苗银凤冠

此苗族银凤冠采用錾花与花丝工艺，凤冠上饰有栩栩如生的凤鸟、蜻蜓、螳螂、蝴蝶、蜜蜂等银虫，精巧细致。凤冠的底圈錾刻着二龙抢宝、龙、凤、对鸟等纹样。冠前流苏低垂，佩戴者举手投足，则银花晃动，流苏轻摇。

北京金台艺术馆

Beijing Jintai Art Museum

第十一、十二届全国政协常委、著名艺术家袁熙坤自筹资金于1995年在北京朝阳公园水碓湖畔创建的北京金台艺术馆，是北京市文物局批准注册的全国首批民营博物馆之一。1997年6月30日正式开馆，是当时国内最大民间艺术收藏馆，同时也是北京一处重要人文景观和一处设施完善的对外文化交流窗口。

成立之初，创办人袁熙坤先生以他个人风格的强烈影响，用艺术手段表达自己的艺术观念，不断创作出符合社会需求的精神产品，担当起保护不同时期的文化艺术和推广当代新文化的使者。在金台艺术馆这个平台上，弘扬中华民族五千年的文明，积极投身于发展和促进国际民间文化交流，配合中国政府广泛开展民间公共外交，让中外优秀文化进行良性的交融与嫁接，成功举办了800余次文化、艺术、环保、教育等方面重要的民间国际交流活动，推进具有中国特色的先进文化，继而为国家和民众服务，从而创建了一个有鲜明特色的适合现代国内外社会公众的文化取向、文化价值以及文化交流与传播的博物馆。

北京市朝阳区麦子店街道朝阳公园西一门内
Inside No. 1 West Gate of Chaoyang Park, Maizidian Street, Chaoyang District, Beijing

09:00-17:30
17:00停止入馆
每周一例行闭馆

010—65869205

北京画院美术馆（500米内）
郡王府（1公里内）

蓝色港湾（2公里内）

朝阳公园08广场（2公里内）
朝阳剧场（2公里内）

唐代十二生肖俑

十二生肖俑为一组群塑，以十二种动物代表十二地支，均为兽首、人身、着衣，直立，挺胸昂首，威风凛凛，形象逼真，以其凝聚在瞬间的动感与力度，表现了精湛的造型技艺，具有较高的艺术价值。

中国铁道博物馆东郊展馆

China Railway Museum East Suburb Exhibition Hall

自然科技类
Natural Science

收费
Charge

　　中国铁道博物馆东郊展馆位于北京市朝阳区南春路四号院，占地面积达 72000 平方米，是中国最大的铁路机车车辆博物馆，由机车车辆展厅、综合展厅、年代站台和室外展区组成，2003 年 9 月 1 日正式对外开放。

　　该馆机车车辆展厅建筑面积达 20500 平方米，厅内展出了中国铁路不同时期、不同类型及制式的机车车辆百余台。其中包括中国现存最早的"0 号"蒸汽机车，以党和国家领导人名字命名的、具有重要纪念意义的"毛泽东号"和"朱德号"蒸汽机车，新中国成立后我国自行设计制造的第一代"东风"型电传动干线货运机车和第一代"韶山"型电力机车，以及各种客货车辆，如老式的专用客车，国家领导人的公务车，不同种类的铁路座车、卧车、餐车、行李车及不同用途的多种铁路货车等。这些机车车辆是极具历史价值和科学价值的文物，真实地反映了中国铁路机车车辆装备的科技发展历程，是中国铁路从无到有、从落后到先进的历史见证。

📍 北京市朝阳区南春路四号院
Courtyard No. 4, Nanchun Road, Chaoyang District, Beijing

🕐 **09:00-16:00**
16:00停止入馆
每周一例行闭馆（法定节假日除外）

📞 010—64381317

🏞 北京市城市公园 (2公里内)
北京市朝阳区大望京公园 (2公里内)

📄 北京民生现代美术馆 (2公里内)

"0 号"蒸汽机车

"0 号"蒸汽机车是中国保留至今最古老的蒸汽机车，见证着中国铁路从零起步，从落后到繁荣的艰辛历程。该车 1881 年从英国购入，曾在我国第一条铁路唐胥铁路上使用。2002 年，收藏入馆。2012 年，被评为国家一级文物。

中国电影博物馆
China National Film Museum

艺术类
Art

免费
Free

中国电影博物馆是经国务院批准，原国家广播电影电视总局和北京市人民政府共同建设的大型公共文化设施。是目前世界上最大的国家级电影专业博物馆，它是纪念中国电影诞生100周年的标志性建筑，是展示中国电影发展历程、博览电影科技、传播电影文化和进行学术研究交流的艺术殿堂，是爱国主义教育基地、廉政教育基地、青少年电影文化活动基地和科普教育基地。

中国电影博物馆占地52亩，建筑面积近3.8万平方米，于2005年12月29日落成，2007年2月10日正式对公众开放。

中国电影博物馆设有21个展厅和对外公共活动及展示区域，展览展示总面积约为13000平方米。一层为主题展览，二层至四层为"百年历程世纪辉煌"展览，展示了中国电影百年发展历程，展出了不同时期、各个阶段电影的发展和广大电影工作者的重要艺术成就，揭示了电影制作的奥秘。馆内还设有6个影厅，其中包括一个巨幕厅，可同时容纳1000多人观影。

📍 北京市朝阳区南影路9号
No. 9 Nanying Road, Chaoyang District, Beijing

🕐 09:00—17:00
16:30停止入馆
每周一例行闭馆

📞 010—84355858

🏛 环铁艺术城（1公里内）
塑三文化创意园区（2公里内）

纪录片《延安与八路军》素材集

1938年延安电影团在陕西开拍了"人民电影"的第一部大型纪录片《延安与八路军》。影片记录了中共中央领导机关和延安军民的战斗生活等场景。这本吴印咸制作的《延安与八路军》照片素材是较全面反映该片信息的珍贵史料。

北京励志堂科举匾额博物馆

The Imperial Examination Plaque Museum of Beijing Lizhitang

历史文化类
Historical Culture

收费
Charge

北京励志堂科举匾额博物馆，建筑形制为仿古两进四合院，占地面积3000平方米，其中建筑面积2600平方米，以展陈与科举制度密切相关的"科举匾额"及众多科举文物为主，由馆长姚远利个人创办。

博物馆从历代科举匾额为切入点，全面展示了中国科举制度，从中引申出中国传统的主流文化，以期达到"协辅文教""代起儒风"的社会效益。

馆内藏品丰富、层次分明。共收集科举藏品1000余件，其中木石匾额600余方，石刻匾额收藏尚为国内罕见。此外，还收藏有石砚500余方，将择期展示。匾额中，仅状元、榜眼、探花所题刻的匾60余方。在藏品中，年代最久远的木制匾额为洪武三十年制，年代最久远的石匾"状元及第"为永乐十六年题刻。最为珍贵的金代科举门为博物馆的"镇馆之宝"，距今已800多年。

📍 北京市朝阳区高碑店乡高碑店村东街1366号
No. 1366 East Street, Gaobeidian Village, Gaobeidian Township, Chaoyang District, Beijing

🕐 **09:00-17:00**
17:00停止入馆
农历大年三十例行闭馆

📞 010—87739693
010—87741928

🏛 中国艺术研究院
中国油画院（500米内）
百花公园（2公里内）

🛒 高碑店商圈（2公里内）

📖 北京华声天桥文化园（500米内）
东艺美术馆（2公里内）

金代科举门

石刻科举门是金代遗存，文物中间那方小额上题刻有"科举门"字样，是馆内藏品中年代最为久远的文物。古代文庙、官学、贡院等场所，大多立有具象征意义的牌坊，其中所刻文字一般为"禹门"或"龙门"，唯独此座牌坊正中所刻文字为"科举门"，故而非常珍贵。

国家动物博物馆
National Zoological Museum of China

自然科技类
Natural Science

¥ 收费
Charge

国家动物博物馆 (National Zoological Museum of China)，又称中国科学院动物研究所标本展示馆，位于北京市朝阳区北辰西路 1 号院 5 号。前身为民国十七年 (1928 年) 成立的北平静生生物调查所，1957 年成立中国科学院动物研究所标本馆，2009 年 5 月 17 日正式对外开放，隶属于中国科学院动物研究所，是集科研、标本收藏与科普为一体的国家级学术机构。

国家动物博物馆凝聚了我国几代动物学家的心血和集体智慧。总建筑面积 7500 平方米，其中展览面积 5500 平方米，共分为三层，建筑格局仿法国自然博物馆，具有普及动物学知识、宣传生态保护及人与自然和谐共处主题的功能。依托中国科学院动物研究所强大的科研背景，系统全面地将科学知识与精美的动物标本展品结合在一起，充分利用各种展览方式和手段由浅入深地引导广大参观者学习和了解动物学知识。

国家动物博物馆共三层，分为 9 个常设展厅、1 个流动展厅和 1 个 4D 动感影院，对外展出动物标本 6800 号。

国家动物博物馆已成为全国科普教育基地、国家科研科普基地、全国中小学科普教育社会实践基地、全国中小学生研学实践教育基地等。

📍 **北京市朝阳区北辰西路1号院5号**
No. 5, No.1 Courtyard, Beichen West Road, Chaoyang District, Beijing

🕐 **5月-9月**
09:00-17:00，16:30停止入馆
10月-次年4月
09:00-16:30，16:00停止入馆
每周一例行闭馆(法定节假日除外)

📞 010—64807975
010—64806899

⛰ 塔院城市森林公园 (1公里内)
北京奥林匹克森林公园 (2公里内)

🛒 北辰商圈 (2公里内)

📄 北京演艺中心 (1公里内)

白鱀豚标本

白鱀豚是国家一级重点保护动物，是研究鲸类进化的珍贵"活化石"，具有很重要的科研价值。中国科学院动物研究所·国家动物博物馆"濒危动物"展厅的白鱀豚标本，是 20 世纪 50 年代安徽渔民在捕鱼的过程中误捕出来的，后来送至中国科学院水生生物研究所进行研究 (位于湖北省武汉市)，大约在 20 世纪 60 年代初，这件标本被作为珍贵的礼物赠送给中国科学院动物研究所。

民航博物馆

Civil Aviation Museum

自然科技类
Natural Science

免费
Free

民航博物馆是由中国民用航空局主办的行业唯一博物馆，总占地面积约 220 亩，其中主体建筑15924平方米，是按照飞机发动机形状设计的独具一格的特色现代建筑。2011 年正式开馆运行，2020年被评定为国家三级博物馆。2021年被授予"中国民航党性教育基地""中国民航安全教育基地"。2022年被授予"全国科普教育基地""北京市科普基地""朝阳区爱国主义教育基地""中国民航劳模和工匠人才宣传教育基地"。2023 年，入选北京市科协"科技馆之城首批科技教育体验基地"、北京市少工委"北京市少先队校外实践教育基地"。目前，馆内陈列"昂首展翅高飞——新中国民航发展历程展"等 5 个主题展览。2019年以来，连续三年荣获"弘扬中华优秀传统文化，培育社会主义核心价值观主题展览推介项目"。室外展区收藏有里 -2、C-46、三叉戟、运7、空客A310-200等我国民航不同历史时期使用的20余架运输机。互动项目包括空客A320、西锐、梦幻三类飞行模拟器，可为参观者提供科普教育、休闲娱乐等服务体验。

📍 北京市朝阳区首都机场辅路200号
No. 200 Capital Airport Auxiliary Road, Chaoyang District, Beijing

🕐 **09:00-16:30**
16:00停止入馆
每周一例行闭馆

📞 010—84323666

🏔 黑桥公园 (2公里内)
蟹岛度假村 (2公里内)

伊尔 -14 型 4208 号飞机

1957 年 10 月 21 日、12 月 8 日两次执行毛主席的专机任务。1958 年第 4 期《中国青年》杂志上，刊登的《毛主席在飞机中工作》的照片，为摄影师侯波在该机拍摄。

中国藏学研究中心西藏文化博物馆
China Tibetology Research Center of Tibet Culture Museum

中国藏学研究中心西藏文化博物馆（以下简称西藏文化博物馆）隶属于中国藏学研究中心，是北京地区唯一的西藏主题博物馆。其建筑面积达到约2万平方米，自2010年3月28日正式开馆以来，以其独特的魅力吸引着无数游客与学者。

这座博物馆，以宣传新时代党的治藏方略、弘扬西藏历史教育、深化西藏文化研究和讲好新时代中国西藏故事为己任，致力于收藏、保护和展示青藏高原人类活动的珍贵见证物以及中央治理西藏的历史物证。它不仅承载着西藏深厚的历史文化，更是观察西藏发展变迁的重要窗口，透过它，人们可以窥见这片土地从古至今的沧桑巨变。

同时，该博物馆也是国际学术交流与合作办展的重要平台，吸引了世界各地的学者和专家前来交流研讨，共同推动西藏优秀文化的传承与发展。此外，它还被赋予了北京市铸牢中华民族共同体意识教育实践基地、爱国主义教育基地和民族团结教育基地以及国家AAA旅游景区的多重身份，成为人们领略西藏文化、感受民族团结的重要文化场所。

📍 北京市朝阳区北四环东路131号
No. 131 North Fourth Ring East Road, Chaoyang District, Beijing

🕘 **09:00-17:00**
16:00停止入馆
每周一例行闭馆

📞 **010-64935128**

🏛 大都会艺术中心（1公里内）
小关奥林匹克文化广场（2公里内）

🛒 安贞门商圈（2公里内）

📋 北京剧院（1公里内）
无尚艺术馆（2公里内）

贝叶经

贝叶即"贝多罗"（梵文 Pattra 树名）树的叶子，是早期佛经的主要书写材料之一。因易碎怕潮，难以长期保存，现存数量稀少。图为梵文贝叶经"般若八千颂"。

中国传媒大学传媒博物馆

Communication University of China Media Museum

自然科技类
Natural Science

免费
Free

中国传媒大学传媒博物馆是我国首座国家级传媒类综合性博物馆，也是目前我国内容最丰富、办馆级别最高的传媒类博物馆。它的建立填补了我国博物馆类别和传媒行业两项空白。

该博物馆于 2012 年 10 月 26 日建成对社会开放，下设广播、电视、电影、传输四个分馆，形成"四馆七厅一条传媒科技走廊"展览格局，展览面积约 3000 平方米，馆藏 10000余件（套）。博物馆通过一件件珍贵传媒文物、图片、文献和音视频史料来全面生动展示中国传媒事业特别是党的新闻宣传事业创建、发展、变革和崛起的历史以及取得成就。

建馆以来，该博物馆工作得到上级部门和社会的充分肯定：2012 年被北京市文物局批准成为北京市第 164 家登记注册的博物馆；2017 年，授予"北京市科普基地"称号；2018 年，评选为"国家三级博物馆"；2019年，荣获《全国博物馆陈列艺术成果交流展(2009-2019 年)》50 强称号；2020 年，荣获"第十七届 (2019 年) 全国博物馆十大陈列展览"精品奖，是该大奖创办 25 年来首个荣膺的高校博物馆；2020 年，晋升为"国家二级博物馆"；2022 年，被评选为全国科普教育基地、北京市科普教育基地、全国关心下一代党史国史教育基地、北京市文物局重点科研基地等国家、省部级基地。

📍 北京市朝阳区定福庄东街1号中国传媒大学49号楼
Building 49, Communication University of China, No. 1 Dingfuzhuang East Street, Chaoyang District, Beijing

🕐 **09:00-16:30**
16:00停止入馆
周末、法定节假日及寒、暑假闭馆

📞 010—65783703

🛒 定福庄商圈（500米内）

📄 中国广告博物馆（500米内）
口述历史博物馆（1公里内）

熊猫牌 1501 型落地式收音、电唱、录音三用一体特级收音机

熊猫 1501 型机采用上等优质木材制成，外形一边呈方形，一边是圆形，象征着中国传统的"天圆地方"思想。这款机器集收音、录音和播放唱片于一体，适用于全球 8 种通用电压，收音上可收听到中波、短波、超短波乃至调频电台，全波段收听，电唱机可播放多种规格的唱片，并支持自动换唱片。

北京奥运博物馆
Beijing Olympic Museum

历史文化类
Historical Culture

免费
Free

北京奥运博物馆是以奥运为主题的永久性专题博物馆，坐落于北京奥林匹克公园中心区国家体育场，2009年成立，2014年正式对外开放，2021年5月博物馆从北京市文物局转隶到北京奥运城市发展促进中心，2022年加入国际奥林匹克博物馆联盟。博物馆总占地面积26199平方米，其中基本陈列面积8604平方米，分为冬奥盛会、夏奥记忆和双奥之城三个部分，全面展示北京2008年奥运会、残奥会和北京2022年冬奥会、冬残奥会申办、筹办和举办的历程。

北京奥运博物馆的愿景和目标是成为弘扬奥运精神、传承双奥遗产的主要阵地，成为北京双奥之城国际交往的独特窗口，开展青少年奥林匹克教育的重要基地，聚焦奥运遗产研究和利用的交流平台，体验奥运梦想和运动快乐的大众驿站。

按照北京市"十四五"规划提出的"建设北京冬季奥林匹克公园和奥运博物馆，打造值得传承、造福人民的双奥遗产"，博物馆统筹室内场馆和室外广场，探索开展"馆园融合，以馆带园，以园促馆"运行模式，规划建设展览展示区、专题互动区、文创社教区、休闲服区，努力建设一座彰显双奥之城特质、奥运特色鲜明、功能配套完备的国际一流博物馆。

📍 北京市朝阳区国家体育场南路1号
No. 1 National Stadium South Road, Chaoyang District, Beijing

🕘 **09:00-17:00**
16:00停止入馆
每周一例行闭馆（法定节假日除外）

📞 010-84378778

🏛 国家体育场（鸟巢）(1公里内)
国家游泳中心（水立方）(1公里内)

📄 中国历史研究院 (1公里内)

北京奥运会开幕式巨幅画卷

北京2008年奥运会开幕式上由舞蹈演员、15000名运动员和现场艺术家以及儿童共同完成的名为"人类家园"的作品。画卷面积长20米，宽11米，重量800千克。这幅画超越了绘画、超越了体育，成为2008年最盛大最感人的艺术作品！

北京和苑博物馆
Beijing Peace Garden Museum

其他类 Themed Museum　**免费** Free

北京和苑博物馆位于第三使馆区和CBD社区，这里曾经是古代辽国萧太后的行宫遗址。自2014年成立以来，围绕国家"一带一路"倡议和北京"四个中心"功能建设，发挥特有资源优势，传承民族文化，发展现代文明，积极调研走访了近百家国内、国际世界遗产和博物馆，与联合国教科文组织和20多个国际组织和国家建立了合作伙伴关系，创新了一条"和苑—和谐—和平"博物馆的可持续发展模式，得到国际社会的广泛认可，在"一带一路"建设中发挥了博物馆的创新引领作用。

该馆已经成为国际交往、文明对话的平台，是各国首脑和政府代表团访问参观的地点；是外交官、跨国企业和国际媒体经常活动的场所，是多国高等学府作为爱国主义和国际主义的教育基地；是中国博物馆协会会员单位；也是联合国教科文组织推广"一带一路文化互动地图"、发布《和苑宣言》和举办国际"和苑和平节"的发源地；被该馆国际社会誉为"大使村"和"小联合国"。同时该馆还是"全球华侨华人创新创业服务基地"和"中国华侨国际文化交流基地"。

📍 **北京市朝阳区霄云路18号A10**
A10, No. 18 Xiaoyun Road, Chaoyang District, Beijing

🕐 **09:30-16:30**
16:00停止入馆
每周末例行闭馆

📞 **010—64662675**

🏞 **朝阳公园** (2公里内)

🛒 **燕莎商圈** (2公里内)

绘画作品——促进文明对话

此幅作品由意大利艺术家提供，作品展现了联合国教科文组织文化多样性的倡议，五大洲人民汇聚在一起，通过跨地区、宽领域、多角度对人类文明进行集中交流、展示与探讨，促进国际文化交流，增进理解和合作，推动文化创新及国际的交往与互动，为构建人类命运共同体创建一个和谐共生的文化环境。

北京英杰硬石艺术博物馆

Beijing Yingjie Museum of Stone Art

艺术类
Art

免费
Free

北京英杰硬石艺术博物馆位于北京市东直门外大街 26 号，第二使馆区中心位置，面对澳大利亚、加拿大使馆，毗邻三里屯酒吧街、全国农业展览馆、北京工人体育场核心地段，与奥加美术馆酒店、奥加美术馆融为有机整体。

北京英杰硬石艺术博物馆及所属正在建立中的硬石艺术研究所是一个集学术性、国际性、原创性为办馆理念的国际化的文化艺术研究交流平台，是各类艺术家、设计师的艺术交流沙龙，是集收藏、展览、会议（同声翻译）、教育、培训、推广、交流为一体的综合性文博服务艺术机构。

北京英杰硬石艺术博物馆的成立在硬石艺术推广与传播、公共艺术教育等方面发挥更多的社会职能；其宗旨就是向公众开放、展示原生态天然石画和意大利硬石镶嵌艺术作品，并进行专业研究和普及教育。本馆通过精心设计和完善多功能展厅设施，提供国际化水准的综合服务，承担对世界硬石艺术作品的收藏、研究、创作，帮助公众全面理解硬石艺术这一独特的瑰宝。

📍 **北京市朝阳区东直门外大街26号**
No. 26 Dongzhimen Wai Street,
Chaoyang District, Beijing

🕐 **10:00-11:30**
12:30-17:00
16:40停止入馆
大年三十至初二例行闭馆

📞 010—64158918

🛒 三里屯商圈（1公里内）

硬石镶嵌——鹦鹉

镶嵌大师 MAURO.TACCONI 首先绘画出一幅鹦鹉油画，根据油画上不同颜色，不同区域，剪裁成非常小的颜色区域纸片，制作成拼图一样的小型模块，根据模块相同的颜色和色调去找天然的石头，之后挑选纯粹天然石头或宝石与半宝石来进行创作。

北京税务博物馆
Beijing Taxation Museum

历史文化类
Historical Culture

免费
Free

北京税务博物馆作为首批全国法治宣传教育基地、首批全国税收普法教育示范基地、北京市爱国主义教育基地和中小学生社会大课堂资源单位，连续打造税收文化品牌。

北京税务博物馆通过藏品和展品，为参观者梳理古今税收历史发展的脉络，使每一位来访者能够在此探寻税收历史发展的规律，领略税收文化的内涵和底蕴。

北京税务博物馆一层展厅面积约790平方米，展线约210延米，主要展出中国古代和近现代税收藏品史料，包括田赋、工商税、徭役等，崇文门税关场景复原、印花税票专题、货币专题、发票专题、革命根据地税收专题、港澳台税收专题等；地下一层展厅面积约600平方米，展线约210延米，主要展示1949年至今中国当代税收发展历史，包括新中国成立初期的税收、计划经济时期的税收、改革开放初期的税收、社会主义市场经济时期的税收、新时代税收现代化，以及税种演变专题、农业税专题、国际税收专题、国家领导人论财税、税收书籍等。

📍 北京市朝阳区北四环东路临1号
Lin1 North Fourth Ring East Road, Chaoyang District, Beijing

🕐 09:30—16:30
16:00停止入馆
每周日、周一及法定节假日例行闭馆

📞 010—84299713

🏞 望和公园（1公里内）
太阳宫公园（2公里）

🛒 太阳宫商圈（1公里内）

清乾隆至民国时期转卖北京中铁匠胡同民房契约

清乾隆十一年（1746年）至民国二十二年（1933年）北京中铁匠胡同十多间民房历次转卖的契约、执照。该契为七连契，印有民国时候的验契章。清初满族入关后，曾经大肆圈占汉人土地，康熙朝为了缓和民族矛盾，下令"旗人交易田宅，须将原'上手老契'粘连于左"，以显示土地、房产的可靠来源，杜绝旗人侵夺汉人财产。

西黄寺博物馆

Yellow Temple Museum

考古遗址类
Archaeological Site

免费
Free

西黄寺博物馆位于北京德胜门外西黄寺是清代理藩院直辖之重要皇家寺院，距今已有 360 多年的历史。西黄寺博物馆以宣传、展示藏传佛教的爱国爱教事迹，新时代藏传佛教代表人物培养情况，弘扬祖国统一、民族团结、传播藏传佛教文化知识为宗旨。博物馆由三进院落组成，占地面积 2 万余平方米，是全国重点文物保护单位。基本陈列展示山门殿、钟楼、鼓楼、天王殿、垂花门、东西配殿、大雄宝殿、清净化城塔、慧香阁等；专题展览长期展示六世班禅与西黄寺展、学衔制度展、乾隆皇帝御笔石刻拓片展、唐卡展等。清顺治九年，为迎接五世达赖喇嘛赴京朝觐而建。乾隆四十五年，六世班禅大师东行为乾隆皇帝祝寿，后因病圆寂于此。为彰其德，在西黄寺西侧建清净化成塔及塔院。作为达赖喇嘛和班禅大师及其贡使在京驻锡地，西黄寺在藏传佛教界具有重要影响。数百年来，成为清中央政府联系西藏地方的重要纽带。1987 年，十世班禅大师在西黄寺清净化城塔院创建了中国藏语系高级佛学院。2017 年成立西黄寺博物馆，2018 年 5 月 18 日正式对外开放。

📍 北京市朝阳区黄寺大街11号
No. 11 Huangshi Street,
Chaoyang District, Beijing

🕐 周六、周日
09:00-16:00
16:00停止入馆
每周一至周五例行闭馆

📞 010—58334690

⛰ 双秀公园（2公里内）
北投奥园1314（2公里内）

🛒 黄寺商圈（500米内）

📋 天天巷上沉浸式体验
艺术街区（500米内）

清净化城塔

乾隆四十五年十一月二日下午，六世班禅大师因天花于西黄寺内圆寂，为表彰六世班禅大师爱国爱教的无量功德，乾隆下令于西黄寺西侧建清净化城塔及清净化城塔院，清净化城塔是仿印度菩提伽耶金刚宝座式样设立的金刚宝座塔，俗称六世班禅塔。

中国考古博物馆

Chinese Archaeological Museum

历史文化类 Historical Culture

免费 Free

中国考古博物馆（中国历史文化展示中心）是中国历史研究院下设的国家级专业考古博物馆。地处北京奥林匹克公园核心区，以考古出土文物和珍贵古籍文献为依托，致力于展示与传播中国优秀传统文化，讲好中华文明源远流长和中华文化辉煌灿烂的中国故事，打造北京城市中轴线上的历史文化客厅和展示中华文明的国家窗口。基本陈列"历史中国 鼎铸文明——中国历史研究院文物文献精品展"以"仓储式陈列、沉浸式体验"为特点，集中展示五千多年中华文明与统一多民族国家形成与发展的历史。

📍 北京市朝阳区国家体育场北路1号院1号楼
No.1 Building, National Stadium North Rd, Chaoyang District, Beijing

🕐 **09:00-16:30**
周二对历史、考古、文博及相关单位团体开放，周三至周日对社会公众开放
16:00停止入馆
每周一例行闭馆（法定节假日除外，春节、五一、十一等开闭馆时间以公告为准）

📞 010—87421098

⛪ 国家体育场（1公里内）
国家游泳中心（1公里内）

🛒 北辰商圈（1公里内）

📄 北京剧院（2公里内）

铜牺尊

该文物为陕西长安张家坡西周墓地出土的盛酒器。器身为一站立状神兽，背部有盖，盖纽为一站立凤鸟，器身上饰夔纹及兽面纹。这件青铜牺尊造型精美、匠心独具，体现了西周时期精湛的青铜铸造工艺，蕴含着中华文明蓬勃的生命力。

北京荣唐连环画博物馆

Beijing Rongtang Comics Museum

艺术类 Art

免费 Free

北京荣唐连环画博物馆坐落于北京市朝阳区豆各庄1号北化·华腾易心堂文创园内，2020年北京市文物局和民政局批准，由北京易心堂文化集团全资捐赠设立，于2020年10月10日正式开馆，是北京唯一一家以连环画收藏、研究、展览为主题的博物馆。

北京荣唐连环画博物馆作为一家连环画主题的专业博物馆，以弘扬中华优秀传统文化为己任，保护传承非物质文化遗产，助力北京博物馆之城建设。

北京荣唐连环画博物馆藏有连环画及原稿1800余件（套），常年展出连环画及原稿藏品千余件，藏品具有较高的历史代表性和较强的艺术观赏性。

北京荣唐连环画博物馆利用自身藏品优势，开辟了连环画阅读空间，开展线上线下连环画主题活动。并针对中小学生的年龄和兴趣特点，推出连环画假期研学体验、周末游戏互动等活动。

北京荣唐连环画博物馆文保部着力于打造文物修复行业闭环，深度研究文物修复、文物保护并建立自己的修复基地，实现全方面立体化发展。

📍 北京市朝阳区豆各庄乡黄厂路1号易心堂文创园14幢
Building 14, Yixintang Cultural and Creative Park, No.1 Huangchang Road, Douge-zhuang Township, Chaoyang District, Beijing

🕐 09:30-16:30
16:30停止入馆
每周一、周二例行闭馆

📞 13520836192

⛰ 马家湾湿地公园（2公里内）

1957年版《三国演义》

1957年版的《三国演义》由上海人民美术出版社出版，曾风靡一时，成为一代人的回忆。连环画《三国演义》的创作集中了如程十发、刘旦宅、刘锡永、赵三岛、陈光镒、徐正平三十多位画家，都是上海滩名字响当当的国画大师和连环画高手，中国画大师贺天健先生书写了每一册的书名，每一册连环画上一方鲜红的形态各异的印章，皆出自篆刻家都如冰先生之手。

北京市和光书院博物馆
Beijing Heguang Academy Museum

艺术类
Art

¥ 收费
Charge

北京市和光书院博物馆是史上中国第一家以书院和文人文化艺术创造成果为主题、具有法人资格的私立主题特色博物馆。馆中设有文人艺术、文人书画、文人书房、文人音乐、文人生活等若干展区，展示研究以美育传播为主旨，集中体现中国古代书院建筑艺术、文人艺术与文人创造非遗艺术和当代艺术，重视文人在建筑园林、音乐乐器、文人书画、文人雅器与非遗工艺等重要文化成就的保护传播，重视传播弘扬文人精神家国情怀和审美教育，为赋能新时代中国特色主流文化发展、探索现代中国特色文化生态国际化建设、传播中华"和光同尘""人类共同命运"文化事业发挥积极作用。

◎ 北京市朝阳区望京南湖北二街东22号院
Courtyard 22, North 2nd Street, Wangjing Nanhu, Chaoyang District, Beijing

◷ 09:30-16:30
16:00停止入馆
每周一例行闭馆

☎ 010—64737410

⌂ 望承公园（500米内）
望和公园北园（1公里内）

🛒 望京商圈（1公里内）

▤ 北京利星行文化
艺术中心（2公里内）

清锦地开光八宝纹匏器

清锦地开光八宝纹匏器尺寸为 7.5 厘米，年代为 1736—1796 年，署款为"乾隆赏玩"篆书朱文印形款。此枚匏制小瓶，器形古朴，气宇轩昂。通体梅花锦地之上饰以道家八宝纹，模印自然，皮色厚润。"乾隆赏玩"印形款识铭刻精良。

北京云汇网球博物馆
Beijing Yunhui Tennis Museum

其他类 Themed Museum　¥ 收费 Charge

　　北京云汇网球博物馆，坐落于北京市朝阳区水碓子北里11号院内南侧，于2021年9月7日获得北京市文物局、北京市民政局的批准设立，9月29日正式开馆。这座博物馆由著名网球文化推广人李云惠、李云博联手创办。北京云汇网球博物馆室内外展区设计独特，室外包括宣传长廊、合作展览厅和网球体验区；室内则由古董木拍厅、多媒体厅、中国网球厅、近代球拍厅、捐赠厅、网球周边厅、Real tennis 厅和签名球拍厅构成。馆内藏品丰富，包含古董木拍、近代球拍、名人签名及网球艺术品等多种珍贵的网球周边藏品。

　　北京云汇网球博物馆是中国第一家网球博物馆，拥有丰富的行业资源和深厚的文化底蕴，成为国内外网球文化传播与交流的重要平台。每一件藏品诉说着一个动人的故事，每一面墙都承载着一段不朽的记忆，让您深深地感受到无数网球人的热情与坚持。无论是对于参观者还是广大的网球爱好者来说，云汇博物馆都是一座理想的心灵家园。

📍 **北京市朝阳区水碓子北里11号**
No. 11 Shuiduizi North Lane,
Chaoyang District, Beijing

🕐 **09:00-17:00**
17:00停止入馆
每周一例行闭馆

📞 010—85983366

⛲ 团结湖公园（1公里内）
朝阳公园（2公里内）

🛒 甜水园商圈（500米内）

📄 北京画院美术馆（500米内）
朝阳剧场（2公里内）

Clark&Co 草地网球箱

该文物为北京云汇网球博物馆的镇馆之宝，由Clark&Co 公司于1880年左右生产，箱内配有从事网球运动所需的全部装备。

中国共产党历史展览馆

Museum of the Communist Party of China

历史文化类
Historical Culture

免费
Free

中国共产党历史展览馆是习近平总书记亲自决策、亲自批准建设的，重要的党史学习教育基地。2021 年 6 月 18 日，习近平总书记带领党员领导干部来到中国共产党历史展览馆参观"不忘初心、牢记使命——中国共产党历史展览"并带领党员领导同志重温入党誓词。

中国共产党历史展览馆总建筑面积 14.7 万平方米，其中地上 7 层、地下 3 层，地上 1 至 3 层为党史基本陈列展厅。党史展览馆周边建有电影放映厅和书店及商业餐饮设施，多方面满足观众需求。

"中国共产党历史展览"由中共中央宣传部主办，以"不忘初心、牢记使命"为主题主线，展线长度 3500 延米，通过 2500 余幅图片，4500 多件(套)文物实物，浓墨重彩地反映党的不懈奋斗史、不怕牺牲史、理论探索史、为民造福史、自身建设史，全方位、全过程、全景式、史诗般展现中国共产党波澜壮阔的百年历程。

朝阳区 Chaoyang District

📍 北京市朝阳区北辰东路9号
No. 9 Beichen East Road,
Chaoyang District, Beijing

🕐 **09:00-17:00**
16:00停止入馆
每周一例行闭馆

📞 010—87992000

🏞 奥林匹克森林公园 (2公里内)
北京奥林匹克公园 (2公里内)

📋 北京剧场 (2公里内)

马克思《布鲁塞尔笔记》
第四笔记本

这份手稿经德国柏林—勃兰登堡科学院和荷兰阿姆斯特丹国际社会历史研究所专家鉴定，为目前中国收藏的唯一一份相对完整的马克思原始手稿，是极为珍贵的历史文物。

北京金漆镶嵌艺术博物馆
Beijing Gold Lacquer Inlay Art Museum

艺术类 Art 收费 Charge

北京金漆镶嵌艺术博物馆是依托京城著名老字号企业、国家级非物质文化遗产项目"金漆镶嵌髹饰技艺"的申报、保护、传承单位"北京金漆镶嵌有限责任公司"打造的非遗主题博物馆。馆内共收藏展示金漆镶嵌工具、图纸和雕填、彩绘、镶嵌、刻灰等多种工艺门类的传世佳品、当代工艺美术大师艺术精品、民族特色漆器以及国礼作品 300 余件（套）。清宫造办处第六代传人、国家级非物质文化遗产项目"金漆镶嵌髹饰技艺"代表性传承人柏群为创办人兼理事长，北京金漆镶嵌有限责任公司董事、副总经理尚久渖为首任馆长，刘丹为副馆长。

北京金漆镶嵌是中国传统漆器的重要门类，其工艺品种在历史的长河中不断丰富发展，在祖国的漆艺百花园中独树一帜，堪称"民族瑰宝"，被北京工艺美术界誉为"燕京八绝"之一。北京金漆镶嵌从师传系统、工艺技法到艺术风格都直接继承和发展了明清宫廷艺术，形成了古朴典雅、端庄华贵、富丽堂皇、品类繁多的北京风格。

📍 北京市朝阳区小红门乡红寺村40号
No. 40 Hongsi Village, Xiaohongmen Township, Chaoyang District, Beijing

🕐 周二至周五
14:00-16:00，16:00停止入馆
周末及国家法定节假日
09:30-11:30，14:00-16:00
16:00停止入馆
每周一例行闭馆

📞 010—67660360

🏞 石榴庄公园（2公里内）

🛒 宋家庄商圈（2公里内）

大型立体百宝嵌《九龙壁》

该大型立体百宝嵌《九龙壁》为博物馆镇馆之宝，壁长 6.65 米，宽 0.76 米，高 2.46 米，选料 20 吨，成品约两吨。由 60 余位高级技师用时五百余天，采用金漆镶嵌立体包镶工艺制作，壁身镶嵌蟠龙及瑞兽 629 条，双面相同，所用宝石几乎囊括了中国知名软玉石料，充分汲取了山西大同及北海九龙壁之神韵。1989 年，该藏品荣获"中国工艺美术品百花奖金杯（珍品）奖"。

北京中梦足球博物馆

Beijing Zhongmeng Football Museum

北京中梦足球博物馆是北京第一家足球博物馆，也是北京市朝阳区特别支持的文博项目。是集展览参观、传承文化、培训教学、运动体验于一身的综合"体育文化地标式"空间。中梦足球博物馆致力于记录几代中国足球人的不懈奋斗与勇敢探索，以保护中国足球历史为己任，以传承中国足球文化为使命，推动中国足球友好交流，促进足球运动、足球文化在中国的发展，为实现中国人的足球梦奉献力量。

该博物馆历时 6 个月的筹备，得到了北京市文物局、北京市朝阳区体育局、北京市朝阳区文旅局等政府各部门的大力支持。同时得到了社会各界特别热烈与积极的反馈，通过中国足球教练员、运动员、媒体工作者、球迷各界人士，收集文献资料、文物、藏品等。

该博物馆展览区域分为八个部分：第一部分：千年蹴鞠 足球起源；第二部分：绿茵风云 风靡全球；第三部分：久久为功 国足可期；第四部分：国安永远争第一；第五部分：铿锵玫瑰 女足芳华；第六部分：城市精神 足球人生，第七部分：体育强国 北京风采；第八部分：足球体验区。

⊙ **北京市朝阳区燕保百湾家园小区6#配套首层、2#架空廊**
6 # Supporting First Floor and 2 # Aerial Gallery in Yanbao Baiwan Jiayuan Community, Chaoyang District, Beijing

🕘 **09:00-17:00**
16:00停止入馆
每周日、除夕、大年初一至初五例行闭馆

📞 010—67210330

⛰ 官庄公园（1公里内）
百子湾休闲公园（2公里内）

🛒 百子湾商圈（1公里内）

2002 第十七届世界杯国家队全员签名比赛服

韩日世界杯是第一届在亚洲举行的世界杯，也是第一届由不同国家联合举办的世界杯。以上藏品是当时国家队参赛的比赛服。

北京天元中医药博物馆
Beijing Tianyuan Chinese Medicine Museum

历史文化类
Historical Culture

免费
Free

朝阳区 Chaoyang District

北京天元中医药博物馆是一家集收藏、研究、陈列展示中医药文化及中医药标本文献、公共教育、文化交流于一体的综合性中医药博物馆。博物馆基本陈列展厅主题为"中华瑰宝，文明之钥"，展陈分为四个单元。第一单元"中华岐黄，源远流长"：陈列展示了中华医药从古至今的历史发展脉络及历代名医名药、百年老字号；第二单元"晋医史话，表里山河"：陈列展示了山西中医药学发展史及山西历代名医名家、古籍名方、道地药材。第三单元"晋药流香，和谐共生"：展示了明清时期流传至今的百年老字号以及诸多传统名药，如龟龄集、定坤丹及安宫牛黄丸的历史和炮制工艺。第四单元"物华天宝，药林精粹"：展示了植物类、动物类、矿物类以及海洋类四大类名贵的中药材标本。北京天元中医药博物馆每年策划并举办中医药相关社教活动，邀请专家学者开设中医药学相关讲座，举办中医药文化及传统文化相关展览，充分发挥博物馆职能，传承中华文化之瑰宝，弘扬中医药文化。

📍 北京市朝阳区广渠路1号2-16幢
Building 2-16, No.1 Guangqu Road, Chaoyang District, Beijing

🕐 **09:00-17:00**
16:00停止入馆
每周一例行闭馆

📞 010-67720196

⛲ 官庄公园（1公里内）
百子湾休闲公园（2公里内）

🛒 百子湾商圈（2公里内）

🎬 摩登天空MODERNSKY（500米内）
中国电影资料馆（1公里内）

清·黄元御手抄医书

此本医书为清代著名医学家、尊经派代表人物、乾隆皇帝御医黄元御手抄医书。黄元御继承和发展了博大精深的祖国医学理论，对后世医家影响深远，乾隆皇帝亲书"妙悟岐黄"褒奖其学识，亲书"仁道药济"概括其一生。

中国木偶艺术剧院博物馆

Museum of China Puppet Art Theatre

艺术类
Art

免费
Free

中国木偶艺术剧院于 1955 年在周恩来总理的关怀下成立，是中国唯一的国字头木偶专题院团。中国木偶艺术剧院博物馆详细介绍了剧院的发展历程、经典作品以及众多非遗传承人的风采。观众们可以近距离欣赏到珍贵的剧本手稿、木偶设计图、木偶服装小样，当然还有孙悟空、小铃铛、大林与小林、红孩儿、吕洞宾等各种曾在舞台上表演过的精美木偶。同时，博物馆还通过多媒体技术，运用影像、音频和互动展示等手段，将创排一部木偶戏的过程完整呈现，将一代又一代木偶戏传承人们创造的鲜活角色尽数展示在观众眼前。

馆内还收藏了 20 世纪以来世界各地的木偶，包括但不限于中国各地的杖头木偶、布袋木偶、提线木偶、铁枝木偶，以及印度尼西亚的哇杨皮影、捷克斯洛伐克的提线木偶、越南的水傀儡等。

为了更好地展示杖头木偶等非物质文化遗产项目，中国木偶艺术剧院突破性地采用了"院馆合一"理念：在剧院内部打造了一座博物馆，并将剧院与博物馆联合运营。现在，观众除了能够欣赏到原汁原味的非遗木偶戏以外，还能亲自操作木偶、表演木偶、制作小木偶并带回家……总之，可以全方位地体验中国木偶戏这一已经延续了两千多年的中国非物质文化遗产。

📍 北京市朝阳区安华西里甲1号中国木偶艺术剧院二层、三层、四层
2nd, 3rd, and 4th floors of China Puppet Art Theatre, No.1 Anhua Xili Jia, Chaoyang District, Beijing

🕐 仅参观日期间对外开放
09:30-17:00
具体开放情况请关注微信观众号"中国木偶艺术剧院"查询

📞 010—64247084

🏞 安贞新坊（500米内）
柳荫公园（1公里内）

🛒 安贞华联商圈（500米内）

📖 朝阳区少儿图书馆（500米内）

龙宫公主杖头木偶

角色出自中日合作杖头木偶戏《浦岛太郎》，由中国木偶艺术剧院木偶雕刻大师索万金老师制作，精致华美。

*北京闽龙陶瓷艺术博物馆

Beijing Minlong Ceramic Art Museum

艺术类 Art　免费 Free

北京闽龙陶瓷艺术博物馆坐落于北京市朝阳区十里河大羊坊路闽龙广场四层。于2015年成立，展馆内面积超过2000平方米，包括陶瓷历史文化展厅、秦砖汉瓦展厅、高科技陶瓷应用展厅、爱国主义教育展厅、多功能厅、3D打印创艺空间，陶艺体验中心等多个展馆区域，馆内拥有300余套陶瓷艺术藏品。

该馆以"弘扬陶瓷文化，讲好中国故事"作为发展核心，不仅向公众免费开放，全力打造艺术交流平台，且立足公益事业，举办多种形式的文化交流、公众教育、国学传播等活动，同时以陶瓷文化为主线贯穿爱国主义教育，深化民族传统文化保护意识。多年来，相继被授予"国家AAA级旅游景区""全国中小学生研学实践教育基地""全国科普教育基地""北京市爱国主义基地""北京市中小学生社会大课堂实践活动基地"等荣誉称号。

🎯 北京市朝阳区大羊坊路闽龙广场四层
4th Floor, Minlong Plaza, Dayangfang Road, Chaoyang District, Beijing

🕐 09:30-18:00
17:30停止入馆
春节期间闭馆

📞 010—67390098

⛰ 周家庄村文化体育公园（2公里内）

大型陶瓷雕塑艺术作品《三牛精神》

2021年5月，为弘扬三牛精神，博物馆开始了"三牛精神"大型陶瓷作品的创作。为了体现"三牛"的民族性、传承性和时代性，运用当代写实技巧、现代科技元素以及传统根雕艺术等，再现"三牛"形象。

经过16个月的反复修改造型、无数次釉色配比、1260度的高温烧制，大型陶瓷雕塑"三牛"成功问世。"三牛"尺寸达230厘米，重500多公斤，体量突破了陶瓷雕塑材料的极限，是目前已知国内外体积庞大、工艺复杂的动物整体烧制的陶瓷绝品。

*北京崇德堂匾额博物馆

Beijing Chongdetang Plaque Museum

历史文化类
Historical Culture

免费
Free

北京崇德堂匾额博物馆位于朝阳区王四营观音堂398号。是一家致力于弘扬、传播、践行、传承中华优秀传统文化的教育实践基地。也是北京首批"类博物馆"培育试点，北京首家挂牌的"类博物馆"。

该博物馆以传统道德文化为坚实根基，悉心收集并珍藏了400余块道德文化古牌匾、500余张从夏商周至秦汉唐期间的古拓片，这些展品不仅凝聚了古人的智慧与心血，更是中华文化的璀璨瑰宝。此外，博物馆还展示了当代著名书法家书写的千余幅道德书法作品以及著名篆刻家篆刻的200余方印章。

北京崇德堂匾额博物馆以"崇德向善，立德树人"为宗旨，传承和弘扬中华优秀传统道德文化。为了让公众更加深入地感受中华文化的博大精深，博物馆还研发了一系列富有创意的体验活动。观众可以亲手体验匾额传拓、古法造纸等传统技艺，感受古人的智慧与匠心；还可以参与活字印刷、雕版印刷、古书装帧等活动，亲手制作属于自己的文化作品。通过这些活动，观众不仅可以亲眼看见中华文化的瑰丽多彩，还可以亲耳聆听历史的回声，用心铭记古人的智慧与教诲。同时，动手实践的过程也让观众更加深入地理解了中华文化的内涵与精神。

📍 北京市朝阳区王四营观音堂398号
No. 398 Guanyin Hall, Wangsiying, Chaoyang District, Beijing

🕐 **09:00-17:00**
上午11:30停止入馆
下午16:30停止入馆
每周一例行闭馆

📞 010-67777359

🏯 古塔公园（500米内）
北京CBD国际高尔夫球会（1公里内）

📋 中国艺术研究院油画院（2公里内）

牌匾——明德堂

清嘉庆年间匾额，题匾之人戴衢亨。戴衢亨字荷之，号莲士，乾隆四十三年殿试状元，授翰林院修撰。选任文衡，累主江南、湖南乡试。嘉庆初，凡大典需撰拟文字，皆出自其手。历任侍读学士、军机大臣、体仁阁大学士，掌翰林院如故。嘉庆十六年卒，赠太子太师，入祀贤良祠，谥文端。

*北京聚砚斋砚台文化博物馆

Beijing Juyanzhai Inkstone Museum

历史文化类 Historical Culture ／ 免费 Free

北京聚砚斋砚台文化博物馆位于北京文化小镇朝阳区何各庄，占地面积700余平方米。

北京聚砚斋砚台文化博物馆以保护、传承、发展中华砚台文化，普及砚台文化知识，传承中华文明，为实现中华民族伟大复兴中国梦做贡献为宗旨，共设砚台春秋、众砚争辉、名家名作、名人用砚、继往开来、砚拓艺术和书画艺术七个展厅，按照综合性、系统性、高品位的要求布展。展品从史前研磨器到当今名家制作都有所涉猎，涵盖了中华文明发展的各个历史阶段，展出的精品令人耳目一新，叹为观止。

📍 北京市朝阳区崔各庄乡何各庄村中心大楼

Center Building, Hegezhuang Village, Cuigezhuang Township, Chaoyang District, Beijing

🕐 10:00-17:00
16:30 停止入馆
每周一及法定节假日例行闭馆

📞 18210797967

⛰ 何里栖地公园（1公里内）

🛒 王府井奥莱香江小镇（2公里内）

📄 红砖美术馆（500米内）

中华飞天第一砚

该藏品由神舟九号飞船载入太空。"飞天砚"用歙石制作，整体设计为"太平有象"，象征国泰民安，世界和平。砚长九厘米、厚五毫米，多角度体现了我国传统数字文化中"九五之尊"所特有的恢宏气度及哲理性。砚面，刻有获世博会金牌的"聚砚斋"三字；砚池刻有中华第一龙造型，体现了中华民族悠久的历史；砚背刻"敦煌飞天"图案，是中华民族飞天梦想和灿烂文化的象征。刘红军将军亲笔题铭"飞天砚"三字，银钩铁划，遒劲刚键，力敌万钧，点明主题。

朝阳区 Chaoyang District

*半壁店村史博物馆
Banbidian Village History Museum

半壁店村史博物馆自2015年7月开始建馆，2017年正式落成，2018年开始接待参观。2019年加入北京市博物馆学会，成为第一个村级村史馆会员单位。2021年与国家文物交流中心以及延安鲁艺博物馆，签订了手拉手共建协议。2019年朝阳区文明办授予半壁店村史博物馆"为朝阳区爱国主义教育基地"荣誉称号。2021年北京市文明办授予半壁店村史馆为北京市爱国主义教育基地。2023年5月成为第一批北京地区类博物馆试点单位。

半壁店村史博物馆占地面积932平方米，馆内主要设置了四个篇章，即序厅、千年古村篇、复兴之路篇和美好明天篇。全方面展示了半壁店村的过去、现在和未来。馆藏486件套，现有遗址、实物、展品、文献资料等基本展览。半壁店村史博物馆通过数字沙盘、幻影成像、弧幕投影、全息投影及视频放映，以记忆、印象、历程、繁荣、展望等方式来展现我们五个自然村的过去、现在和未来。

📍 北京市朝阳区高碑店乡西店村18号楼弘胜大厦一层
1st Floor, Hongsheng Building, Building 18, Xidian Village, Gaobeidian Township, Chaoyang District, Beijing

🕐 **09:00-17:00**
16:30停止入馆
每周六、周日及法定节假日例行闭馆

📞 010—65566319

⛰ 兴隆公园（2公里内）
官庄公园（2公里内）

🛒 高碑店商圈（1公里内）

📄 高碑店漕运历史文化游览区（1公里内）
中国艺术研究院中国油画院（2公里内）

中国第一个核武器研制基地
二二一厂保密柜

二二一厂保密柜，重1.5吨，用于保存核武器研制绝密资料。该保密柜是1958年建厂初期，由周恩来总理特批两万元人民币从国外购买而来。1993年解密以后，被吴景云老先生购得（吴景云为半壁店西店村316号村民）。该保密柜以及展馆内陈列的探测仪、示波器、手摇计算机等文物，见证了我国核武器发展的辉煌历程。该保密柜为镇馆之宝。

朝阳区 Chaoyang District

丰台区博物馆

Museums in Fengtai District

中国航天博物馆
China Space Museum

自然科技类
Natural Science

¥ 收费
Charge

中国航天博物馆是 2019 年 10 月由中编办正式批复更名设立的,国内唯一一家国家级航天专业博物馆,职能定位是展示航天成就、弘扬航天精神、传播航天文化、普及航天知识、推广航天体验。

中国航天博物馆前身是 1992 年 10 月正式开馆的中华航天博物馆,时任中顾委常委张爱萍同志亲临开馆仪式并题词"不忘过去、飞翔太空"。2022 年经过升级改造后以全新的面貌呈现,展陈内容包括中国航天历史和精神、导弹武器、运载火箭、人造卫星、载人航天、深空探测、航天人物、未来展望等多个板块,全面生动地展现了中国航天从无到有、从弱到强的发展历程。

中国航天博物馆先后被授予为中央国家机关思想教育基地、全国科普教育基地、全国科学家精神教育基地、国家国防教育示范基地、北京市科普基地、北京和丰台区的"科技馆之城"科技教育体验基地等。目前共被授予19 个教育基地,拥有各种荣誉 20 余项,是中国航天和首都科普教育的重要名片。

⊙ 北京市丰台区万源路1号
   No. 1 Wanyuan Road, Fengtai
   District, Beijing

🕐 **09:00-16:30**
   16:00停止入馆
   每周一例行闭馆(法定节假日除外)

📞 010—68759088

⛲ 世界之花公园(2公里内)
   旺兴湖郊野公园(2公里内)

🛒 万源广场商圈(1公里内)

🏛 东高地青少年科技馆(1公里内)

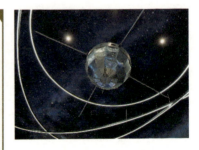

东方红一号卫星备份星

1970 年 4 月 24 日,中国第一颗人造卫星——东方红一号卫星发射成功,中国从此进入太空探索时代,其备份星珍藏于中国航天博物馆。经中央、国务院批复,自 2016 年起,将每年 4 月 24 日设立为"中国航天日"。

中国人民抗日战争纪念馆

Museum of the War of Chinese People's Resistance Against Japanese Aggression

革命纪念类
Revolutionary Memorials

免费
Free

中国人民抗日战争纪念馆（以下简称抗战馆）是全国唯一一座全面反映中国人民抗日战争历史的大型综合性专题纪念馆，坐落在标志全民族抗战爆发的七七事变原址——北京市丰台区卢沟桥畔宛平城内。1987年7月落成开放以来，抗战馆始终秉承中央赋予的三大任务，积极适应形势发展变化，紧紧围绕培育和践行社会主义核心价值观，通过承办国家级重大抗战纪念活动、举办高品质主(专)题展览、推出爱国主义教育品牌活动、加强抗战史国际交流传播，大力弘扬伟大抗战精神，不断强化以史育人功能，积极发挥资政育人作用。基本陈列《伟大胜利 历史贡献》以

"铭记历史、缅怀先烈、珍爱和平、开创未来"为主题，总面积6700平方米，展出照片1170幅，文物2834件。全景式展现了全国各民族、各阶级、各党派、各社会团体、各界爱国人士、港澳台同胞和海外侨胞英勇对抗日本帝国主义侵略的光辉历史，突出展示了中国共产党在抗战中发挥的中流砥柱作用。

📍 **北京市丰台区卢沟桥城内街101号**
No. 101 Lugouqiaocheng Nei Street, Fengtai District, Beijing

🕐 **09:00-16:30**
16:00停止入馆
每周一例行闭馆

📞 010—63777088

🏔 宛平城（500米内）
绿堤公园（2公里内）

🛒 宛平吉市（500米内）

📋 中国人民抗日战争纪念雕塑园
（500米内）
卢沟桥（500米内）

左权在太行山用过的望远镜

这架望远镜原本是八路军缴获的日军战利品，八路军副总参谋长左权曾经使用过它，后来左权把它赠送给了八路军总部后勤部的曼丘同志。1982年，曼丘回赠给左权之女左太北。2000年，左太北将其捐赠给中国人民抗日战争纪念馆。

北京考古遗址博物馆（金中都水关遗址）

Beijing Archaeological Site Museum Water Gate Site in Middle Capital City of Jin Dynasty

历史文化类
Historical Culture

免费
Free

北京考古遗址博物馆为一馆三址，包括位于房山区琉璃河镇的琉璃河遗址，位于丰台区丰葆路的大葆台西汉墓遗址，以及位于丰台区右安门外的金中都水关遗址。其中琉璃河遗址、大葆台西汉墓遗址成功入选2021年百年百大考古发现。

三个遗址是中国百年现代考古学的北京贡献，是北京地区不同时期历史文化的重要标识，是蕴涵着丰富知识、智慧、艺术的宝藏，也是坚定文化自信的重要源泉。

金中都水关遗址是中都南城墙下的一处木石结构的水利设施遗址。城内水系经水关由北向南穿城墙而出，流入中都南护城河。水关遗址的发现基本上明确了中都城内鱼藻池水系过龙津桥向南穿过丰宜门和景风门之间的南城墙流入护城河的水源路线。水关遗址的建筑基础结构与宋代《营造法式》所载"卷輂水窗"的规定相一致，是现存考古发掘出土的中国古代都城水关遗址中体量最大的，也是研究我国古代建筑和水利设施的重要实例。金中都水关遗址被评为1990年度全国十大考古新发现，2001年被评为全国重点文物保护单位。金中都水关遗址见证了北京的建都之始，与其他诸多金代遗迹共同构筑了金中都的华彩篇章。

📍 北京市丰台区右安门外玉林小区甲40号
No. 40 Yulin Community, Youanmenwai, Fengtai District, Beijing

🕘 09:00-17:00
16:30停止入馆
每周一例行闭馆（法定节假日除外）

📞 010—63054992

🏛 北京大观园（1公里内）
金中都公园（2公里内）

🛒 右安门村商圈（1公里内）

辽代绿釉贴塑鸡冠壶

器身较高，腹部扁圆，圈足，管状矮直流，顶部环梁作鸡冠状。器身贴塑皮条纹、串珠纹作为装饰。胎体黄白，器身施淡绿釉，釉色细腻，贴塑串珠部分釉色略深似翡翠，玻璃感较强，圈足处无釉。鸡冠壶，亦称"皮囊壶""马镫壶"，是辽代陶瓷器中极具特色的器类。

长辛店二七纪念馆
Changxindian Erqi Memorial Hall

长辛店二七纪念馆坐落在京西卢沟桥畔,隶属于中国中车集团有限公司。1983年由北京市政府、铁道部、中华全国铁路总工会共同修建,1987年2月7日对外开放,纪念馆为北京四合院布局,中式门楼顶部和房檐处,以金黄色琉璃瓦装饰,古脊明柱,水刷石镶衬,配以清水砖墙,苍松翠柏中浑然大气。

纪念馆占地面积约6600平方米,建筑面积2382平方米。展区面积1300平方米,包括1个序厅和8个展厅,设计风格庄重大方,突出历史底蕴和思想光辉。展线长度300米,共展出图片227张、文物史料200件、绘画22幅、场景6个、模型3个,多媒体7处。以工人运动的发展历程为主线、以工运历史事件为载体,聚焦长辛店工人运动,通过长辛店铁路工人参加五四运动、创办长辛店劳动补习学校、创建长辛店工会、建立工人中的党组织、开展长辛店铁路工人罢工以及参加京汉铁路工人大罢工等事件,展现出中国早期工人运动中长辛店所作出的独特贡献。

📍 **北京市丰台区长辛店花园南里甲15号**

NO.15 Huayuan Nanli,Changxindian ,Fengtai Distrct.Beijing

🕐 **09:00-12:00**
13:00-16:00
15:30停止入馆
周日、周一例行闭馆

📞 010—83305948

🏞 长辛店二七公园(500米内)
绿堤公园(2公里内)

🛒 长辛店商圈(2公里内)

📖 家有书香儿童书房(1公里内)
新华书店长辛店书店(2公里内)

京汉铁路黄河大桥纪念碑模具

京汉铁路黄河大桥纪念碑模具,国家一级文物,上半部分铸有两龙飞舞的图案、京汉铁路通车年月日及朝廷官员前来参加落成典礼人员姓名。下半部分是法文,记录上半部同样内容。

卢沟桥历史博物馆
Lugou Bridge History Museum

历史文化类 Historical Culture　免费 Free

卢沟桥历史博物馆，位于永定河河畔的卢沟桥东桥头广场北侧，原名"卢沟桥史料陈列馆"，于1981年成立。2023年，为传承发展卢沟桥－宛平城－长辛店的历史、红色、生态文脉，打造弘扬传统文化、爱国主义教育及红色旅游金名片，卢沟桥历史博物馆进行全面改造提升。提升后卢沟桥历史博物馆占地面积2795.95平方米，总建筑面积982.64平方米，是一座全面介绍卢沟桥历史文化的专题性博物馆。

目前馆内共有历史厅、技法厅、风云厅、艺术厅和文化厅五个室内展厅，名桥走廊、古诗廊、碑林区和实景展区四个室外展厅。展览通过文字、实物、图片、视频、虚拟现实等多种形式，全面展示了卢沟桥的厚重历史文化、高超的建桥技法、别具匠心的缜密设计、鬼斧神工的雕刻艺术、京畿咽喉的独特地理位置、不屈不挠英勇奋战的民族精神以及别具特色的"卢沟文化"，让游客领略山川形胜，感悟历史文化，发现精美艺术，弘扬传统文化，坚定文化自信！

📍 **北京市丰台区卢沟桥东桥头北侧**
North side of Lugou Bridge East Bridgehead, Fengtai District, Beijing

🕐 **09:00-16:30**
16:00停止入馆
每周一例行闭馆

📞 010－83892521

🏛 卢沟桥（500米内）
宛平城（1公里内）

武俊碑

武俊碑，1984年出土于宛平城内。1638年，明崇祯皇帝任命御马监太监武俊营建宛平城，武俊历时三年，耗银十二万五千两，建成"崇墉百雉，严若雄关"的宛平城。但武俊被诬告"冒领"公款，革职收监，于是在狱中将筑城始末与底账详细记录，并镌刻碑，以"求白于天下万事"。此碑记录内容成为修建宛平城的重要史料。

丰台区　Fengtai District

北京汽车博物馆
Beijing Auto Museum

自然科技类
Natural Science

收费
Charge

　　北京汽车博物馆是由中国政府主导建设的汽车专题类博物馆，总建筑面积5万平方米。诞生于中国汽车工业快速发展和倡导科技文明的背景下，它的展览选取了中国汽车历史渊源发掘与世界共通的国际化语言，立足于全面系统地展示汽车发展的历史和汽车文化的世界性，以"汽车"为载体，以陆上交通和动力革命为线索，"以面带点"，跨越国家、地域和品牌，讲述汽车工业百年历程和科技文明进步、产业发展、技术变革、产品多元的背后故事，展现了汽车行业的变迁，汽车对社会发展、世界面貌乃至人类思维模式、价值观念的改变。

　　北京汽车博物馆，不仅仅展示经典车辆，同时也诠释"人—车—社会"的关系。馆藏展品精心遴选了在历史、科技、社会生活、政治等方面具有代表意义的汽车工业产品，从世界上第一辆汽车奔驰一号到被称为"世纪之车"的福特T型车，从中国红旗汽车全系列到上海汽车全系列。

　　北京汽车博物馆，开启了一扇与时间对话，与文明交流，与科技亲近的大门，它正在成为人们观察汽车社会、关注汽车行业发展、推动汽车社会文明进步的窗口。

📍 **北京市丰台区南四环西路126号**
No. 126 South Fourth Ring West Road, Fengtai District, Beijing

🕐 **09:00-17:00**
16:30停止入馆
每周一例行闭馆（法定节假日除外）

📞 010-63856286
　　010-63756666

🖼 **世界公园（2公里内）**

🛒 **万达广场（丰科店）（500米内）**

红旗 CA72 汽车

1958年8月，第一汽车制造厂制造出我国第一台高级汽车并被命名为"红旗"，正式编号为CA72，这是我国有编号的第一辆真正的高级汽车，是我国汽车工业的标志和里程碑。1960年，红旗 CA72 汽车亮相莱比锡国际博览会并被编入《世界汽车年鉴》成为世界名车。

中国消防博物馆
China Fire Museum

中国消防博物馆是一座集消防历史文化展陈、火灾警示教育、防火防灾科普和体验互动于一体的行业专题博物馆，也是应急管理及消防救援系统唯一的国家级博物馆。展陈面积1万平方米，主要由序厅、防火防灾体验厅、文化传承展厅、烈火荣光展厅、国家综合性消防救援队伍的组建展厅、国际交流与合作展厅和临时展厅七部分组成，以"传承消防历史文化、普及防火防灾知识、展示消防队伍形象"为宗旨，通过实物、模型、图片资料的陈列展示和场景复原、视频资料、互动体验等形式，反映了我国各个历史时期人们识火、用火、治火的进步过程以及消防组织、消防法制、消防科技、消防文化的发展状况。先后被授予"全国科普教育基地""全国中小学生社会实践消防安全教育基地""北京市爱国主义教育基地"等。

📍 **北京市丰台区马家堡东路187号**
No. 187 Majiapu East Road, Fengtai District, Beijing

🕘 **09:00-17:00**
16:30停止入馆
每周一、周二及法定节假日例行闭馆

📞 010—87899935

🏞 南苑湿地公园（2公里内）
槐房钓鱼公园（2公里内）

🛒 大红门商圈（2公里内）

📋 北京京剧院（2公里内）

昌溪水龙

安徽昌溪人遵循"宁可三餐无食、火不可一日不防"的祖训，以唐伯虎《春》《夏》《秋》《冬》四条屏画作换回的消防手揿泵，也被称为史上最"贵"的水龙。

中国园林博物馆

The Museum of Chinese Gardens and Landscape Architecture

历史文化类 Historical Culture

免费 Free

中国园林博物馆是中国第一座以园林为主题的国家级博物馆，占地面积 6.5 万平方米，以"中国园林——我们的理想家园"为建馆理念，是收藏园林特色文物、研究园林历史价值、展示园林艺术魅力、弘扬中国优秀传统文化的公益性文化机构，是全面展示中国园林悠久历史、灿烂文化、多元功能及辉煌成就的重要窗口，被誉为"有生命"的博物馆。

展览体系力求体现中国园林的本质特征、发展历程、厚重文化、多元功能、价值取向及造园技艺。全馆展示各类植物 200 余种、山石 10 余类，收藏有陶器等 16 类藏品，较为完整地展示了中国园林发展脉络。

作为全国科普教育基地、全国中小学生研学实践教育基地、北京市科普基地、首都科普主题研学基地和北京市民终身学习示范基地，馆内设有秘密花园园林生态体验区、科学创意实验室、公众教育中心、园林创艺工坊 4 处教学专区。面向园林行业高校开设"入学第一课"，与国内各大文博单位建立密切联系，与多国在展览和学术交流等方面开展多形式合作。

📍 **北京市丰台区射击场路15号**
No. 15 Shooting Range Road, Fengtai District, Beijing

🕐 **09:00-17:00**
15:30停止入馆
每周一例行闭馆（法定节假日除外）

📞 010—63915025

🏞 永定河休闲森林公园（1公里内）

📖 北京园博园（1公里内）
北京凤凰岭美术馆（2公里内）

宋"青莲朵"太湖石

此石为古典园林赏石珍品，原系南宋临安德寿宫中故物。乾隆十六年（1751 年），乾隆发现此奇石十分喜爱，遂移入长春园，命名"青莲朵"，并赋诗以记其事。石上沟壑遍布，质地细密，俏透俊美，上刻乾隆御笔"青莲朵"三字。

北京公交馆
Beijing Public Transport Hall

自然科技类
Natural Science

免费
Free

北京公交馆是北京市文物局审核备案通过的城市地面公交行业博物馆，位于北京市丰台区莲花池西里29号，展厅面积约5000平方米，藏品数量6000余件。北京公交馆是首都公共交通百年历史变化的展示窗口，城市交通行业改革发展的交流平台，公交职工学习传承企业优秀精神价值的教育课堂，服务社会加强新时代优秀文化文明新风的传播阵地。

展览以社会发展为主要脉络，设置五个时间线索，以北京电车公司成立、北平和平解放、党的十一届三中全会召开、党的十八大召开等重要历史事件为节点，着重介绍北京公交的起源和运营状况、战乱中艰难探索、新中国成立后重获新生、"修复百辆车""五七型"和"京一型"研制成功、绿色公交环保初探、加强顶层设计、京津冀协同发展、十四五规划等重大事件；同时以党建、企业文化、历代主力车型、公共交通线路、各时代车票月票、公交站名、代表人物、人文逸事等为主题，设置了百年领航、百年积淀、百年变迁、百年光耀、百年回忆、百年演进、百年铭刻、百年印记八个专题板块。

📍 北京市丰台区莲花池西里29号北京公交调度指挥中心西配楼3层
3rd Floor, West Building, Beijing Public Transport Dispatch Command Center, No. 29 Lianhuachi West Lane, Fengtai District, Beijing

🕐 周二到周五
10:00-11:30，11:00停止入馆，
15:00-16:30，16:00停止入馆
周六
09:00-11:00，10:30停止入馆，
13:00-15:00，14:30停止入馆
周日、周一例行闭馆；法定节假日开放另行通知

📞 010—63961826（工作日09:00-11:30 13:30-17:00接听）

🏞 莲花池公园（2公里内）
生态公园（2公里内）

🛒 公主坟商圈（2公里内）

法式有轨电车（仿制品）

有轨电车是按照1924年北京城第一辆有轨电车仿制，当时由法国公司制造。该车全长9.42米，车身主要为木质构造，车内设头等座、二等座。在车头正上方悬挂有一个铜铃铛，行驶司机踩下位于驾驶杆下的踏板时会发出"铛儿铛儿"的声音，用于提示行人躲避车辆。

*北京草桥插花艺术博物馆

Beijing Caoqiao Flower Arrangement Art Museum

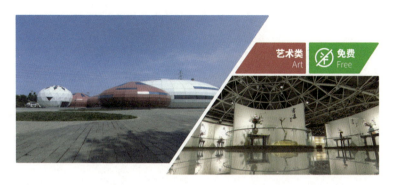

艺术类 Art

免费 Free

北京草桥插花艺术博物馆是中国首家以插花为主题的博物馆，位于北京市丰台区花乡草桥村世界花卉大观园北门内，建筑面积共2500平方米。

该博物馆是收藏插花历史文物、弘扬中国传统插花文化、展示插花艺术魅力、研究插花艺术价值的国际插花文化交流中心。

该博物馆致力于插花文化的传播与实践，共设5个展厅：插花艺术科普厅、中国传统插花艺术厅、中国插花艺术发展简史厅、现代花艺厅以及多媒体功能厅。开馆至今多次举办插花公开课、培训课程及大型花艺比赛，为花卉事业做出了新的贡献，为市民提供了鲜花陪伴美丽的知识空间，为培养更多的花艺人才搭建了理论结合实践的平台。

📍 北京市丰台区角门路世界花卉大观园北门
North Gate of the World Flower Garden, Jiaomen Road, Fengtai District, Beijing

🕐 **09:00-16:00**
16:00停止入馆
周一例行闭馆

📞 010—67539936

⛰ 北京世界花卉大观园（500米内）

🛒 北京花卉交易中心（2公里内）

📋 草桥社区文化中心（1公里内）
今日草桥综合文化中心（2公里内）

东方式插花

东方式插花主要有中国插花和日本插花，重视线条与造型的灵动美感。其中，中国传统插花讲究虽由人作，宛自天开的艺术表现手法，崇尚自然，赋予花木深刻的内涵和象征意义。这件由资深花艺大师王莲英教授指导创作完成的中国传统插花作品，主花材为牡丹花和梅花，给人端庄华贵，富丽而不妖娆的感觉。作品采用的是不对称的自然式构图，俯仰之间，尽显恢宏大气。

石景山区博物馆

Museums in Shijingshan District

中国第四纪冰川遗迹陈列馆
China Quaternary Glacial Vestige Exhibition Hall

自然科技类
Natural Science

免费
Free

中国第四纪冰川遗迹陈列馆是一座建造在冰川遗迹上的自然科学类博物馆。这里发现的模式口冰川擦痕遗迹形成于距今约 300 万年前的第四纪大冰期，是运动中的冰川所夹杂的沙砾和碎石与山体基岩发生摩擦而形成的痕迹。冰川馆现已免费对外开放。本馆 1987 年由原地质部地质力学所和石景山区人民政府共同成立。2009 年完成改扩建，占地面积 6300 余平方米，展厅面积约 4280 平方米。全馆共分为 12 个展厅，包括"什么是冰川""人类演化过程""第四纪冰川与人类关系"和"擦痕遗迹保护区展厅"四部分。展厅内搭配多媒体设备，光电、声动结合，帮助游客了解冰川知识；同时辅以实物或模型，如漂亮的"冰蘑菇"、神秘的龟背石、高大威猛的猛犸象、奇异的恐龙化石等，带领游客领略史前生物的独特风采。

📍 **北京市石景山区模式口大街28号**
No. 28 Moshikou Street,
Shijingshan District, Beijing

🕐 周一
12:00-17:00, 16:30停止入馆
周二至周五
08:30-17:00, 16:30停止入馆
（法定节假日闭馆）

📞 010—88722585

🏛 北京市法海寺文物
保管所（500米内）
石景山区石刻文物园（1 公里内）

🛒 模式口文化街区（500 米内）

📖 京西书局（1 公里内）

模式口冰川擦痕

模式口冰川擦痕遗迹形成于距今约 300 万年前的第四纪大冰期，是运动中的冰川所夹杂的沙砾和碎石与山体基岩发生摩擦而形成的痕迹。由于这里所发现的钉头鼠尾状冰川擦痕极具典型性和代表性，因此，模式口冰川擦痕是京西冰川遗迹中不可复制、不可取代的文物资源。1957 年 10 月 28 日模式口冰川擦痕被北京市政府公布为第一批文物保护单位加以保护。

北京法海寺博物馆
Beijing Fahai Temple Museum

历史文化类
Historical Culture

¥ 收费
Charge

　　北京法海寺博物馆位于翠微山南麓。法海寺始建于明英宗正统四年（1439 年），由御用太监李童集资、汉藏两族僧俗官员共同设计、工部营缮所修建，英宗赐额"法海禅寺"。

　　法海寺壁画被誉为明代壁画之最，与敦煌、永乐宫壁画相比各有千秋，可与欧洲文艺复兴时期的壁画相媲美。四柏一孔桥、龙纽铜钟、千年白皮松、曼陀罗藻井、明代壁画并称为法海寺"五绝"。四柏一孔桥是唯一位于院落外的一绝，四角天生出四棵柏树，仿佛桥

墩一般。龙纽铜钟铸造工艺精美，钟体内外壁都铸有文字，包括汉文、藏文和梵文，共计约八千余字。该钟铸于明正统十二年（1447年），钟身通高 1.75 米，底部直径 1.3 米，重1068 公斤。轻击钟声圆润深沉，重击则深厚洪亮，声音悠长，声闻数十里。大雄宝殿前两棵白皮古松已巍然屹立千年时光，每棵高近百尺，乳白色的树皮犹如鳞甲闪着银光，颇有银龙飞天之势。大雄宝殿殿顶悬三架藻井，藻井中央绘曼陀罗，绘工精湛，色彩凝重，是少见的明代建筑彩绘遗存。

📍 **北京市石景山区模式口大街48号**
No. 48 Moshikou Street,
Shijingshan District, Beijing

🕐 **09:00-16:30**
16:00停止入馆
每周一例行闭馆（节假日期间正常开放）

📞 **010—88715776**

⛰ **模式口历史文化街区（500米内）**
模式口过街楼遗址（500米内）

🛒 **喜隆多商圈（2公里内）**

📋 **模式口历史文化民俗陈列馆**
（500米内）
北京第一通电村主题展厅
（500米内）

大雄宝殿明代壁画真迹

　　法海寺"五绝"中最负盛名的当数大雄宝殿内的十铺明代壁画了，面积共有 236.7 平方米，绘制佛教世界内的十方佛众、菩萨诸天、飞天侍女，另有祥云山水、动物花卉等，各具奇妙，出神入化。壁画工笔重彩，采用"叠韵烘染、沥粉贴金"的绘法，历经近六百年，至今仍金碧辉煌、光彩炳耀，在世界壁画艺术中占据重要地位。

北京燕京八绝博物馆

Beijing Yanjing Eightfold Traditional Craftsmanship Museum

北京燕京八绝博物馆收藏包括金漆镶嵌、花丝镶嵌、景泰蓝、牙雕、玉雕、雕漆、京绣、宫毯在内的燕京八绝工艺作品及古代木雕、根雕、石雕等工艺藏品数百件。清宫造办处第六代传人、国家级非物质文化遗产金漆镶嵌髹饰技艺代表性传承人柏群先生为创办人和现任馆长。

北京燕京八绝博物馆是石景山区第一家正式经市文物局和市民政局备案审批的非国有博物馆，是北京市第一家在全国重点文物保护单位中设立的非遗主题博物馆，是中国第一家由近百位工美大师和非遗传承人历时十年携手打造的匠心博物馆。

北京燕京八绝博物馆依托全国重点文保单位承恩寺的历史文脉，保护和传承国家级非物质文化遗产燕京八绝宫廷技艺，开创历史文物与时代文化、物质文化遗产与非物质文化遗产、非遗保护传承和创新发展相融合的新发展模式。服务全国文化中心的建设，打造集中展示国家级非遗项目"燕京八绝"的高端平台，使之成为北京西山永定河文化带的新文化地标。

📍 北京市石景山区模式口大街20号
No. 20 Moshikou Street,
Shijingshan District, Beijing

🕘 09:00-12:00，11:30 停止入场
13:30-16:00，15:30 停止入场
（每周五为团体专场预约参观时间）
每周一例行闭馆（国家法定节假日除外）

📞 010—68611900

🏞 模式口大街驼铃古道（500米内）

🛒 模式口商圈（2公里内）

📖 京西书局（500米内）
模式口樊登书店（500米内）

金漆镶嵌八吉祥银锭套盒

采用金漆镶嵌雕填彩绘和百宝嵌工艺，用玉石和螺钿等镶嵌了"轮、螺、伞、盖、花、罐、鱼、肠"佛家八宝。这件作品是复制古代宫廷食盒，体现了"以器载道"，展示了中华文明的深远与中华民族对于生活品质的极致追求。

北京市石景山区博物馆

Beijing Shijingshan District Museum

历史文化类
Historical Culture

免费
Free

石景山区博物馆位于文化中心内，面积6000平方米，馆藏文物15000余件。其中展厅面积2800平方米，分为石景为开、燕都仙境、山水灵聚、宫阁寺苑、京西门户、百年圆梦等6个单元，以石景山区厚重的历史人文底蕴与独特的地域文化发展脉络为背景，采用编年体以历史沿革为轴线，展示地区自史前两三百万年前至近现代的历史文化发展变迁，以物言史，以史言志。

石景山区博物馆充分发挥收藏展示、研究修复、宣传教育、文化交流、休闲娱乐等职能，举办丰富多样的陈列展览，形成固定陈列、专题陈列及临时性展览的陈列模式，全方位、多角度展现石景山区作为"首都城市西大门"在北京历史进程中发挥的重要作用及灿烂辉煌的中华文明，成为地区中小学生以及市民群众的教育实践基地。

📍 北京市石景山区苹果园南路10号院1号楼；石景山区文化中心4-6层

4-6 Floor of Shijingshan District Cultural Center; Building 1, No. 10 Courtyard, Pingguoyuan South Road, Shijingshan District,Beijing

🕐 四层服务区
9:00-11:30, 14:00-17:00, 16:30停止入场
五层临展区
09:00-19:00, 18:30停止入场
六层主展区
09:00-17:00, 16:30停止入场
每周一例行闭馆

📞 010—88701191

🏞 大槐树公园（500米内）
田村城市休闲公园（2公里内）

📖 北京石景山区文化馆（500米内）
书香石景山24h
阅读空间（500米内）

清康熙青花牡丹狮纹罐

清康熙青花牡丹狮纹罐：1985年出土于石景山区玉泉路高能物理研究所一座清代鲁公墓中。鲁公墓出土时为三棺并列，居中的是鲁公，左右为其两位夫人。此罐通高33.5厘米，出自景德镇窑，无底款，为民窑器。器身上部刻"原命于乙丑年十一月十二日亥时生，皇清诰封中宪大夫，享寿六十有八，显考讳公正鲁公之墓，大限于壬中年八月二十二日亥时终"。此种以罐刻代替墓志的做法，极其少见。

石景山区石刻博物馆
Shijingshan District Stone Carving Museum

历史文化类
Historical Culture

收费
Charge

石景山区石刻博物馆，位于石景山区模式口大街 80 号，占地约 6000 平方米，馆内设三个展区：

室内展区：分为序厅；京西福地——皇亲贵胄墓葬石刻；栖阁幽静——高僧大德墓塔石刻；国之重臣——于公成龙家族墓葬石刻；石韵千年——东汉至民国历代精美石刻共五个展室。

散落石刻展区：该展区集中展览展示了石景山地区出土的散落石刻文物，入口是座气势宏大的石牌坊，此牌坊为四柱三间式，每根柱有抱鼓石相稳，上有望兽。另有石刻长廊墙壁上的珍贵墓志及其他精美石刻。

田义墓区：田义墓建于明万历三十三年（1605 年）是万历年间司礼监掌印太监田义的墓园。2001 年 7 月由北京市人民政府核定并公布为北京市第六批文物保护单位，是我国目前发现的规制最高、保存最好的太监墓园。由神道区、享堂区，寿域区三部分组成。现园内地上建筑除享堂被拆除外，其余建筑保存基本完好，石刻内容朴素写实、内容丰富、布局巧妙，堪称中国古典石刻装饰艺术的登峰造极之作。

📍 北京市石景山区模式口大街80号
No. 80 Modekou Street,
Shijingshan District, Beijing

🕐 **09:00-16:30**
16:00停止入馆
每周一例行闭馆(法定节假日除外)

📞 010—88724148

⛰ 驼铃古道（500米内）

📄 模式口历史文化街区（500米内）

田义墓园

田义墓园的建筑极具特色，墓园分布依次为神道门、华表、石人、棂星门、碑亭、享堂和寿域。神道上的石像生雕刻细致精美，碑亭方蚨上雕刻的动物生动有趣，寿域区的墓裙上雕刻有七珍八宝、文房四宝、法器乐器等。百年石雕文物为我们展示了古代匠人的精湛雕刻技艺，有非常高的学术价值、文物价值和艺术价值。

慈善寺古香道文化陈列馆

Cishan Temple Ancient Incense Route Culture Exhibition Hall

历史文化类
Historical Culture

¥ 收费
Charge

慈善寺始建于明万历十五年（1587年），2003年慈善寺古香道文化陈列馆落成开馆。慈善寺古香道文化陈列馆占地面积60000余平方米，建筑面积6800平方米，馆藏品451件套，以古代建筑为收藏特色。慈善寺古香道文化陈列馆现为廉政教育基地、廉政文化基地、石景山区中小学生社会实践基地、石景山区非遗传承教育基地、北京市中医药文化旅游示范基地以及党员教育培训现场教学点。其内设有"文脉悠远 香韵百年"——慈善寺古香道历史遗迹展、"文脉悠远 香韵百年"——慈善寺古香会历史文化展、"善行天下 香飘四海"香文化展（包括中国香文化发展史展、一带一路东亚香事文化展、一带一路西方香事文化展、"和香制作技艺"传习工作室）等5个展厅以及室外古建筑彩绘展览展示。通过室内外展览展示以及科技手段进行场景再现等方式，全方位传递古代建筑彩绘的魅力以及与香道、香会、香客有关的历史文化内涵，让广大观众对石景山区历史文化有更深层次的认识和了解。

龙凤砖雕

慈善寺主殿上使用的"龙、凤"砖雕，与清皇室密不可分的联系。砖雕立于慈善寺主殿大悲坛殿顶，属高镂空青石砖雕。技法精湛，制式严谨，栩栩如生，是一副绝佳的古代雕刻艺术品。站在殿前，向上眺望，正面可见双龙戏珠，后可见双凤戏牡丹，美妙绝伦。定睛细看，雕刻于两龙之间的宝珠之上，赫然刻有大写的"圣"字，两旁的八颗火焰宝珠上清晰可见"风调雨顺，国泰民安"八个字。令人驻足沉思，仿佛体会到古人居江湖之远而忧其民的胸怀。

📍 北京市石景山区五里坨天泰山慈善寺
Cishan Temple, Tiantaishan, Wulituo, Shijingshan District, Beijing

🕘 **09:00-16:30**
16:00停止入馆
每周一例行闭馆（节假日除外）

📞 010-88905988

⛰ 万善桥（1公里内）
南马场水库（2公里内）

📄 冯玉祥将军展室（500米内）

*RE睿·国际创忆馆

International Center for Digital Creativity

其他类
Themed Museum

¥ 收费
Charge

　　RE睿·国际创忆馆是国际首个基于工业遗产改造的文化遗产主题数字博物馆，馆址所在的工业筒仓始建于1992年，历史上是用于储存炼铁原料的料仓。2020年，工业遗址的原真空间通过全域影像、数控声场、XR等技术改造，注入丰富的历史文化内容和多维的感官体验，以全新的身份——数字博物馆面向公众开放，为公众呈现当代视角下文化遗产的全新魅力与文化生活体验最新趋势。

　　RE睿·国际创忆馆开馆至今已为观众带来"重返·万园之园""发现·北京中轴线""不止钢铁""重返·奥林匹亚""'平行时空·在希腊遇见兵马俑'成就回顾展""泥河湾——寻找最早的东方人类"等国内外多个历史文化遗产主题展览。目前，馆藏以数字藏品为主，如圆明园数字复原模型、古希腊奥林匹亚遗址数字复原模型等，旨在探索文化遗产活化利用的全新路径，打造"可持续·向未来"的数字博物馆。

📍 北京市石景山区首钢工业遗址园区北七筒办公区4号筒
Shougang Industrial Site Park North seventh tube office block 4, Shijingshan District, Beijing

🕐 **09:30-17:00**
16:30 停止入馆
每周一例行闭馆

📞 18210135710

⛰ 石景山公园（1公里内）

🏢 首钢园（2公里内）

圆明园数字复原模型
海岳开襟（乾隆中期）

海岳开襟位于圆明园长春园西部，是一处模仿海上仙境的景观建筑，造型繁复，装饰绚丽，1900年庚子国难中被毁，现已不复存在。通过国内外80余位专家十几年的复原研究，"海岳开襟"于2013年在虚拟世界得以重生。

*瞭仓数字藏品博物馆
Liaocang Digital Artwork Collection Museum

其他类
Themed Museum

¥ 收费
Charge

瞭仓数字藏品博物馆成立于2022年，位于石景山区首钢园内石景山功碑阁一层，是由北京市文物局授牌的民办"类博物馆"。

瞭仓数字藏品博物馆以展示和传播中华优秀文化为理念，深入挖掘文化内容的思想价值、文化价值和美学价值，依托虚拟现实技术为市民打造沉浸式的文化体验空间。

自开馆以来，瞭仓数字藏品博物馆先后研发并推出了展现优秀家风文化的"生生不息—时空的理想之旅"主题数字艺术展、展现节日民俗的"奇境"数字艺术展和展现西山永定河文化的"流动万象"主题数字艺术展。曾经开展过的"遇鉴经典"靳尚谊经典作品版画艺术展，展现了靳尚谊艺术生涯中的绘画成就和教育成就，展出了43幅靳尚谊先生的经典画作，是迄今为止靳尚谊作品展出量最大的一次展览。此外，展览还应用数字技术手段，将创作灵感来自于唐宋时期的数字艺术作品呈现在展览的动线当中，并将四枚百年以上的馆藏级欧洲经典怀表陈列其中，共同构成了世纪之约、流金岁月、经典传承、千年追问的人文情怀与美学旅程。

📍 北京市石景山区古城街道功碑阁一层
The first floor of Gongbeige, Gucheng Street, Shijingshan District, Beijing

🕙 **10:00-17:00**
16:00 停止入馆
每周一例行闭馆（法定节假日除外）

📞 18518613398

⛰ 功碑阁古建群（500米内）
SOREAL超体空间（500米内）

🛒 首钢园商圈（2公里内）

📄 三高炉（1公里内）
冬奥主体图书馆（1公里内）

海淀区博物馆

Museums in Haidian District

中国人民革命军事博物馆

The Military Museum Of The Chinese People's Revolution

革命纪念类
Revolutionary Memorials

免费
Free

中国人民革命军事博物馆（以下简称"军博"）是中国第一个综合类军事博物馆，位于北京市复兴路 9 号。展览大楼于 1958 年 10 月兴建，1959 年 7 月建成，1960 年 8 月 1 日正式开放，是向国庆 10 周年献礼的首都十大建筑之一。2012 年 9 月，军博对展览大楼进行加固改造，2017 年 7 月竣工。加固改造后，展览大楼建筑面积 15.3 万平方米，有 43 个陈列厅（区），陈列面积近 5.9 万平方米。主楼建筑高 94.7 米，楼顶装有直径 6 米的巨大的中国人民解放军军徽。

军博主要从事收藏、研究、陈列反映中国共产党领导的军事斗争历程和人民军队建设成就的文物、实物、文献、资料，以及反映中华民族五千年军事历史和世界军事史的文物、实物、文献、资料。围绕党和国家及军队的中心工作，举办各种专题性、时事性、纪念性展览。接待国内外来宾和观众的参观访问。组织开展相关的学术研究和艺术创作。组织开展与国内外博物馆之间的业务交流。

北京市海淀区复兴路9号
No. 9 Fuxing Road, Haidian District, Beijing

09:00-17:00
16:00停止入馆
每周一例行闭馆（法定节假日除外）

010—66866244

中华世纪坛（500米内）
玉渊潭公园（500米内）

公主坟商圈（2公里内）

中央电视台（500米内）
中国宋庆龄青少年科技文化交流中心（500米内）

朱德在南昌起义时使用的德国毛瑟短管 M96 手枪

朱德在南昌起义期间使用的警用型德国毛瑟短管 M96 手枪。1956 年，中国人民解放军政治学院筹建陈列室从朱德处征集此枪。1959 年移交军事博物馆。

大钟寺古钟博物馆

Dazhongsi Ancient Bell Museum

历史文化类
Historical Culture

¥ 收费
Charge

大钟寺古钟博物馆，坐落于北京市海淀区北三环西路，占地面积达三万平方米，是国内唯一一所以钟铃文化为主题的专题博物馆。它肩负着钟铃文物收藏与研究的使命，广泛征集钟铃文物、文献和史料，举办古钟陈列与展览，以此弘扬和传承中国古钟文化的精髓。

博物馆常年设有九大展览，分别是阅古钟林、礼乐回响、质器庄严、妙境梵音、救度觉生、金火流光、永乐大钟、诗韵钟声以及外国钟铃。这些展览共展出文物展品 400 余件，如同一部生动的古钟发展历史长卷，将古钟的演变与传承娓娓道来。

整个展览以"古韵钟声"为总主题，深入阐释了"钟"与"声"之间的特殊关系，凸显了"钟"在历史与文化中的重要地位，以及"声"所传递的深远韵味。展览设计独具匠心，以点突破，点动成线，线动成面，构建出一个完整而丰富的古钟信息网。各个展览内容相互补充，逻辑层次清晰，使观众在欣赏古钟之美的同时，也能深刻领略其背后的历史文化内涵。

展览分为历史、文化、技术三条主线，形成了一条合理的参观路线。它阐释了钟声如何承载历史，如何蕴含文化，如何彰显技术，以及如何传播理念等多个主题。观众在参观过程中，不仅能欣赏到古钟的精湛工艺和独特魅力，更能深刻感受到钟声所传递的历史文化信息和人类智慧的结晶。

海淀区 Haidian District

📍 北京市海淀区北三环西路甲31号
No. 31 (A) North Third Ring
West Road, Haidian District,
Beijing

🕐 **09:00-17:00**
16:30停止入馆
每周一例行闭馆

📞 010-82130290

🚇 双榆树公园（超过2公里）

永乐大钟

永乐大钟铸于明朝永乐年间，由明成祖朱棣下令铸造。通高 6.75 米，口径 3.3 米，重量为 46.5 吨。钟身遍铸佛教经咒铭文，有汉、梵两种文字，共计 23 万余字。永乐大钟，举世无双，是现存古代大钟里铭文字数最多的钟。

北京艺术博物馆
Beijing Art Museum

艺术类
Art

收费
Charge

　　北京艺术博物馆是综合性艺术类博物馆，1987 年正式建馆，位于北京海淀区西三环北路，以全国重点文物保护单位万寿寺为馆址，以弘扬中国古代艺术兼推动现当代艺术的交流和发展为宗旨。馆藏品共计 12 万余件，时代上起原始社会，下迄民国，尤以明清文物蔚为大观；藏品门类丰富，包括碑帖、书法、绘画、陶瓷、钱币、玺印、织绣、家具、青铜器、玉石器、竹木牙角、漆器等。

　　北京艺术博物馆以万寿寺建筑文化遗产和文物藏品为主题，策划举办了种类丰富的精品展览。万寿寺建筑院落景观及展览由南向北依次为；中路山门殿及"洪福齐天"彩绘、天王殿"缘岸梵刹：万寿寺历史沿革展"、大雄宝殿、两侧配殿"汉传佛教造像艺术展"和"藏传佛教造像艺术展"、万寿阁"吉物咏寿：吉寿文物专题展"、假山及三大士殿、乾隆御碑亭、无量寿佛殿、西洋门、光绪御碑亭；东路方丈院"云落佳木：中国传统家具展"。

🔘 北京市海淀区西三环北路万寿寺1号
　　No. 1 Wanshousi, West Third Ring North Road, Haidian District, Beijing

🕐 **09:00-17:00**
　　16:30停止入馆
　　每周一例行闭馆

📞 010—68456997

🏞 紫竹院公园（1公里内）

📖 国家图书馆（2公里内）

清乾隆青花福寿纹贯耳尊

清乾隆景德镇御窑厂烧造。高 47.5 厘米。仿青铜方壶造型，整体青花装饰。腹部绘桃形开光，内绘寿桃、蝙蝠、卍字。开光外绘缠枝莲纹，每朵莲花内书一"寿"字。整体寓意五福捧寿、福寿连连。

北京石刻艺术博物馆
Beijing Stone Carving Art Museum

历史文化类 Historical Culture
¥ 收费 Charge

北京石刻艺术博物馆坐落于风景如画的长河北岸，是北京地区石刻文物与艺术的收藏、研究与展示之地，也是一个专题博物馆，承载着深厚的文化底蕴。它隶属于北京市文物局，如今已荣获国家三级博物馆的殊荣，同时也是北京市的爱国主义教育基地与科普教育基地，为人们提供了一个了解历史、感受文化的重要窗口。

博物馆的馆舍坐落于历史悠久的真觉寺旧址内，这座寺院曾是明清时期的皇家寺院，因寺内金刚宝座顶部平台上屹立着五座庄严的佛塔，故又被人们亲切地称为"五塔寺"。真觉寺是一座藏传佛教寺院，它的历史可追溯到明成祖永乐年间（1403-1424 年）。当时，一位来自西域的高僧室利沙，向永乐皇帝敬献了五尊金佛以及一座金刚宝座的规式（模型），朱棣皇帝为表敬意，特赐地为其建寺，并命名为"真觉"。到了清代，为避讳雍正皇帝"胤禛"的名讳，真觉寺更名为"正觉寺"。遗憾的是，民国时期，寺庙遭到了拆毁，唯有那庄严的金刚宝座及少数石刻幸存下来，见证了历史的沧桑与变迁。如今，这些珍贵的石刻文物得以在北京石刻艺术博物馆中重新焕发光彩，为人们讲述着过往的辉煌与传奇。

📍 **北京市海淀区五塔寺路24号**
No. 24 Wutasi Road, Haidian District, Beijing

🕐 **09:00-17:00**
16:30停止入馆
每周一例行闭馆

📞 010—62173543

北京动物园（500米内）
紫竹院公园（1公里内）

西直门商圈（2公里内）

首都滑冰馆（500米内）
国家图书馆（1公里内）

金刚宝座

金刚宝座以中国传统雕造技法，遍饰宗教题材雕刻。塔身还遍刻丰富的梵文和藏文颂词，是目前国内同类型塔中历史悠久、雕刻最精美、保存最好的石塔之一，是不可多得的明代石雕艺术品。

北京大学赛克勒考古与艺术博物馆

Arthur M. Sackler Museum of Art and Archaeology at Peking University

历史文化类
Historical Culture

免费
Free

北京大学赛克勒考古与艺术博物馆（以下简称"北大赛克勒博物馆"）坐落于北京大学校内，是中国高校第一座现代化博物馆和第一座考古专题教学博物馆。博物馆由北京大学与美国友人阿瑟·姆·赛克勒博士及其夫人吉莉安·赛克勒女爵士合作筹建，于1986年破土奠基，1993年5月正式对外开放。

北大赛克勒博物馆的理念是"考古传递理性，艺术激励创新"，致力于培育北京大学学生的艺术素养、科学精神、国际视野，是展现学校教学科研成果与学校风采的窗口与文化交流平台。

自建成开放以来，北大赛克勒博物馆形成了自己独特的风格，发挥教学、科研和社会服务功能，举办了以考古、艺术及北大师生科研生活为主题的多项展览，包括以北大师生田野考古发掘重要收获为基础的基本陈列"燕园聚珍"、以唐纳德·斯通教授捐赠为主体的西方版画展和"吉莉安·赛克勒女爵士国际艺术家展览项目"推介的国际艺术家展览，并举办获得业内外好评的学术性特展。

📍 北京市海淀区颐和园路5号北京大学西门内
Inside the West Gate of Peking University, No. 5 Yiheyuan Road, Haidian District, Beijing

🕐 **09:00-17:00**
16:30停止入馆
每周一例行闭馆

📞 **010—62751668**

🏛 圆明园遗址公园（1公里内）

🛒 中关村商圈（1公里内）

卵白釉印龙纹"太禧"铭盘

景德镇窑，盘心印独角龙戏珠纹，内壁印有对称的"太禧"二字。"太禧"为元代"太禧宗禋院"的简称，负责皇家祭祀；盘内龙纹为五爪二角，据《元史》记载，可证明此盘是御用祭祀之具。卵白釉瓷器带"太禧"款的绝少，传世仅存三件。

李大钊烈士陵园

Li Dazhao Martyrs' Cemetery

李大钊烈士陵园，庄严肃穆，位于北京香山东南的万安公墓之内，占地面积达 2200平方米。陵园由中共中央亲自批示修建，经过精心打造，于1983年10月29日落成。

步入陵园，迎面可见一尊的李大钊烈士汉白玉雕像，雕像之后，是李大钊烈士夫妇的安息之地，墓石庄重，寓意深远。

在墓的后面，矗立着一座青花岗石纪念碑，碑身高大挺拔，气势磅礴。碑的正面，镶嵌着邓小平同志亲笔题写的题词，字迹苍劲有力；碑的背面，则镌刻着中共中央撰写的碑文，详细记载了李大钊烈士的生平事迹和卓越贡献。

陵园中保留着 1933 年李大钊烈士公葬地址的原貌，以及当时一同埋入墓穴的李大钊烈士墓碑。这些珍贵的历史遗迹，见证了烈士的英勇事迹，也铭刻了那段艰苦卓绝的革命历程。

李大钊烈士陵园不仅是纪念和缅怀李大钊烈士的重要场所，更是进行革命传统教育和爱国主义教育的重要基地。2020 年 3 月，北京市更是将李大钊烈士陵园列为"北大红楼与中国共产党早期北京革命活动旧址"之一，进一步加强对这一重要历史文化遗产的保护和修缮。

陵园内设有"不朽的功勋——李大钊生平事迹展"，通过丰富的展品和详细的解说，向参观者展示了李大钊烈士的生平事迹和革命精神，让人们在缅怀先烈的同时，更加深刻地认识到革命传统和爱国主义精神的伟大意义。

📍 **北京市海淀区香山东万安里1号**
No.1 Wan'an Lane, Xiangshang-dong, Haidian District, Beijing

🕐 **08:00-16:00**
15:30停止入馆
每周一例行闭馆（法定节假日除外）

📞 010—62591044

⛰ 国家植物园（2公里内）

书法《青春》

书法作品《青春》出自于著名书法家杨萱庭，他因深为烈士的革命精神和伟大人格所感染，拿出家中珍藏的清乾隆年间整张丈二御用宣纸，历时半年时间书写了李大钊名篇《青春》一文，书写完成后献给陵园，供世人瞻仰，成为陵园珍贵的藏品。

中央民族大学民族博物馆
The Museum of Ethnic Cultures, Minzu University of China

历史文化类
Historical Culture

免费
Free

中央民族大学民族博物馆始建于 1951年，是以中华各民族文物为主要收藏、展示和研究对象的高校博物馆。馆藏有中华民族传统服饰、生产工具、生活用品、手工艺品、乐器、古器物、历史文献等近五万件文物，是开展爱国主义教育、民族团结教育、中华民族文化发展史教育的重要基地。

馆藏藏品内容丰富全面，反映中华民族历史、文化、艺术的各类文物几乎都有收藏。一是中华各民族传统服饰数量大，盛装多，精品多，类型比较完整，历史年代跨度长。二是许多藏品具有重要的历史纪念意义，如中华人民共和国成立初期，由各族人民敬献给党

和国家领导人的珍贵礼品。三是具有很高历史、艺术和学术研究价值的珍品，如史前彩陶罐、东汉铜鼓和明清时唐卡、天路图、贝叶经以及民族乐器等。四是台湾少数民族文物数量大、精品多。五是西南地区民间契约文书、甲马雕版、马帮文物等藏品数量大，且成系列。很多藏品是进行历史学、民族学、民族艺术研究的宝贵资料。

馆内常设展览有"中央民族大学校史展""先生还在身边——民大名师纪念展"及铸牢中华民族共同体意识系列展之"衣无语 经大千——中华民族袍、衣、裙、裤展""大地回声——中国各民族乐器文化展""文明的符号——中国民族古文字和古籍陈列展"等。

📍 北京市海淀区中关村南大街27号
No. 27 Zhongguancun South Street, Haidian District, Beijing

🕐 **09:00—17:00**
16:30停止入馆
每周五、周六日及寒暑假闭馆

📞 010—68933341
010—68933425

⛰ 紫竹院公园（1公里内）

🛒 民族美食商区（1公里内）

📄 国家图书馆（500米内）
民族剧院（2公里内）

《中华民族》真丝手工栽绒工艺挂毯

这幅展示中华民族大团结的挂毯由中央民族大学美术学院刘秉江教授创作，由江苏如皋博艺丝毯有限公司使用真丝手工栽绒工艺制作。画面生动展示了中华民族一家亲、团结奋进新时代的精神面貌。

北京航空航天博物馆

Beijing Air and Space Museum

自然科技类
Natural Science

免费
Free

北京航空航天博物馆位于北京市海淀区学院路 37 号北京航空航天大学校内，是中国第一所向公众开放的综合性航空科技博物馆。

北京航空航天博物馆前身是成立于 1985 年的北京航空馆，是在北航飞机结构陈列室、飞机机库基础上扩建而成，博物馆经近 4 年原址新建并扩充展品，于 2012 年北航甲子校庆更名并重新开馆。展区面积约 8300 平方米，分为长空逐梦、银鹰巡空、神舟问天、空天走廊 4 个展区，馆藏 300 多件国内外公认的航空航天文物精品以及结构、发动机、机载设备等珍贵实物，通过高科技手段展示了航空航天原理以及人类飞天的历程，承载着丰富的科学原理和厚重的历史积淀。

博物馆集思想政治教育、科普、教学、文化传承为一体，是北航服务首都"四个中心"建设的重要平台、北航校情校史教育基地、航空航天类课程教学实践基地。博物馆是航空航天国家级实验教学示范中心的重要组成部分，也是传承红色基因与北航精神、弘扬航空航天科普与文化、开展青少年爱国主义、国防教育的重要基地。

北京航空航天博物馆一直以来坚持面向社会公众免费开放。依托北京航空航天大学和学科优势，充分利用博物馆航空航天特色，定期向公众开展科技与科普主题活动，如讲座、实践、培训、参观等。面向基层群众普及科学知识、弘扬科学精神、传播科学思想、倡导科学方法，厚植爱国情怀，弘扬空天文化，增强"四个自信"。

📍 北京市海淀区学院路37号北京航空航天大学校内
On campus of Beijing University of Aeronautics and Astronautics, No. 37 Xueyuan Road, Haidian District, Beijing

🕐 **09:00-16:30**
16:30停止入馆
每周日例行闭馆

📞 010-82339701
010-82313787

🏛 京张铁路遗址公园 (2公里内)
元大都遗址公园 (2公里内)

🛒 五道口商圈 (2公里内)

"北京一号"轻型旅客机

"北京一号"是北京航空航天博物馆的镇馆之宝。它是由北航自行设计制造的新中国第一架轻型旅客机。1958 年 6 月经周恩来总理亲自批示，由北京航空学院 (1988 年更名为北京航空航天大学) 的师生员工仅用了 100 天的时间，完成了从第一张蓝图到飞机首飞的全过程。参与设计制造工作的共有 1400 多人，其中学生占 76%，教师占 6.9%，职工占 17.1%。1958 年 9 月 23 日在北京首都机场首飞成功。先后进行了 46 次飞行，飞行时间 29 小时。飞机由时任北京市市长彭真同志命名为"北京一号"。在世界航空史上，这么短的时间内由一所高校设计制造出一架飞机，是绝无仅有的。"北京一号"集中体现了北航人敢为人先、艰苦创业的精神特质，是北航的精神标识。

团城演武厅
Tuancheng Martial Arts Hall

历史文化类
Historical Culture

免费
Free

团城演武厅位于香山地区，是一家古建筑类的博物馆，始建于乾隆十四年（1749年）。它是集城池（团城）、殿宇（演武厅、东西朝房）、西城楼门、碑亭、校场为一体的别具特色的武备建筑群，古建艺术风格独特，建筑宏伟壮观。

团城演武厅的兴建与乾隆时期平定大小金川土司叛乱有直接关系。乾隆十四年（1749年），清军取得了大小金川战争的胜利，乾隆感于这支部队的骁勇，遂将其命名为"健锐云梯营"，作为常设的特种部队驻扎在西山脚下，同时修建以团城、演武厅为主体的校场，作为健锐营定期合练的演练场，是清代帝王操练和检阅健锐营云梯部队之所。

1979年团城演武厅公布为市级文物保护单位。1988年，团城演武厅由农场局移交市文物局进行管理保护，并于当年成立北京市团城演武厅管理处。2006年6月被公布为全国重点文物保护单位，定名为"健锐营演武厅"。馆内展出常设展览"志喻金汤——健锐营历史文化展"以及内容丰富多彩的临时展览，并为观众提供了可亲身参与的互动项目。

📍 **北京市海淀区香山南路红旗村一号**
No.1 Hongqi Village, Xiangshan South Road, Haidian District, Beijing

🕐 **09:00-17:00**
16:30停止入馆
每周一例行闭馆

📞 010—62591609

⛰ 国家植物园（2公里内）

🛒 香山商圈（1公里内）

实胜寺后记碑

实胜寺后记碑位于北城楼内，乾隆二十六年（1761年）立。碑为卧式，浮雕云纹、夔龙拱壁。碑身阳面刻汉、满两种文字，阴面刻蒙、藏文，汉文为乾隆皇帝御制并书。碑文记述了健锐营在平定新疆回部大小和卓战乱中的功绩。

中国国家画院美术馆
The Art Gallery of China National Academy of Painting

艺术类
Art

免费
Free

中国国家画院美术馆地处北京西三环，毗邻紫竹院，坐落于一片闹中取静的中式园林建筑群中，是隶属于中国国家画院的公益性美术馆，主要开展美术展览、收藏及公共教育等工作。

始建于 20 世纪 80 年代中期的中国国家画院美术馆，经过数十年的发展已日趋兴盛，正以一个崭新的姿态展示着中国国家画院的文化窗口形象，是中国国家画院文化建设和艺术展示向外延伸的桥梁和纽带，同时也是中国当代绘画艺术发展和展示的一个聚焦点和推广点。

展馆面积约 2000 平方米，展线 500 米，主场区分上下两层展厅及贵宾厅。馆内有可移动拆装展墙，展厅中灯光、温度、湿度和墙面的静音功能都符合国际美术馆标准。中国国家画院美术馆将通过"人才兴馆，学术强馆，服务立馆"的办馆方针，为美术事业的发展搭建学术研究、创作和交流平台，为中国美术发展起到一定的推动作用。

📍 **北京市海淀区西三环北路54号**
No. 54 West Third Ring North Road, Haidian District, Beijing

🕐 **09:00-16:30**
16:00停止入馆

📞 010—68416559

⛲ 紫竹院公园（1公里内）
万寿寺（1公里内）

🛒 车道沟商圈（2公里内）

📑 中国国家图书馆（2公里内）
八一剧场（2公里内）

李可染《雨后夕阳图》

李可染山水画，构图、笔墨、设色、风格独特，笔下尽见山河大地之雄阔壮丽，亦摄山川氤氲自然之美，"李家山水"在 20 世纪中国画坛中独树一帜，洵非虚言。

圆明园博物馆

Yuanmingyuan Museum

历史文化类
Historical Culture

免费
Free

圆明园博物馆分为正觉寺展区和西洋楼展区，已全面开放，隶属于北京市海淀区圆明园管理处，属于行业性国有博物馆。

正觉寺是圆明三园中唯一幸免于难的建筑群，总占地面积13400平方米，建筑面积3649平方米，主要建筑包括山门、钟鼓楼、天王殿、三圣殿、文殊亭、最上楼及东西各配殿。圆明园博物馆配合正觉寺古建筑群落的本体展示，常设"传承·守望——圆明园文物保护成果展"。

西洋楼展区位于圆明园遗址公园西洋楼遗址景区内。2022年2月1日更新常设展"劫灰飞尽 笃行致远——圆明园爱国主义教育主题展"，主要分为"美贯中西""劫后遗珍"、"西洋残影"和"传承保护"四大部分。

圆明园博物馆旨在以历史文化内涵培育自信，以文物保护成果惠及大众，提升圆明园社会形象与文化传播力，打造爱国主义教育基地，满足人们日益增长的物质文化需求，让圆明园焕发新时代生机。

📍 北京市海淀区清华西路28号圆明园遗址公园正觉寺;北京市海淀区清华西路28号圆明园遗址公园西洋楼展览馆
Zhengjue Temple, Yuanmingyuan Ruins Park, No. 28 Qinghua West Road, Haidian District, Beijing; Western Building Exhibition Hall, Yuanmingyuan Ruins Park, No. 28 Qinghua West Road, Haidian District, Beijing

🕐 **08:30-17:00**
17:00停止入馆
周一例行闭馆，国家法定节假日开放

📞 010—62543673

🏞 圆明园遗址公园 (500米内)

🛒 西苑商圈 (1公里内)
中关村商圈 (2公里内)

马首铜像

马首铜像，西洋楼建筑群海晏堂外十二生肖兽首喷泉中的主要构件之一，材质为精炼红铜，由意大利人郎世宁设计、宫廷匠师以分铸法、失蜡法和铆接工艺等多种技法制作，融合东西方艺术风格，毛发分毫毕现，展现出极高的工艺水准。

大觉寺
Dajue Temple

历史文化类
Historical Culture

¥ 收费
Charge

　　大觉寺位于北京市海淀区阳台山东麓，始建于辽代，寺院坐西朝东，体现了契丹人"尊日东向"之俗。因寺内有清泉流入，故得名"清水院"。金代曾为金章宗西山八院之一，后又称"灵泉寺"。明宣宗于宣德三年（1428年）重修，赐"大觉寺"之名。此后经明正统十一年（1446年）、成化十四年（1478年）及清康熙至乾隆朝不断重修扩建，形成今日之规模。

　　寺院依山而建，自东向西，依次为山门、钟鼓楼、天王殿、大雄宝殿、无量寿佛殿、大悲坛等建筑，殿宇雄伟古朴，布局严谨深广。除此之外还有清代皇帝的行宫，有雍正皇帝赐名的"四宜堂"和乾隆皇帝题名的"憩云轩"两座庭院建筑。

　　大觉寺地处群山环抱之中，林茂泉清，景色幽美，早在辽金时就是有名的风景区。这里古柏参天，翠竹葱郁，其中又以三百年玉兰和千年银杏名冠京华。

　　2006年大觉寺被核定为第六批全国重点文物保护单位，近年经过北京市文物局的整修，如今已成为京郊著名的游览胜地。

《阳台山清水院创造藏经记》碑

此碑立于寺内藏经楼北侧，刻于辽代咸雍四年（1068年），碑高1.8米，宽0.8米，记载了清水院（今大觉寺）刊刻大藏经的历史，是寺内珍贵文物。由于年代久远，部分字迹已漫漶不清，碑身中部也曾断裂，顶部隐约可见雕刻的蟠龙。

📍 **北京市海淀区苏家坨镇大觉寺路9号**
No. 9 Dajuesi Road, Sujiatuo Town, Haidian District, Beijing

🕐 **09:00-17:00**
16:30停止入馆

📞 **010—62456163**

🏞 **贝家花园（1公里内）**
北京鹫峰国家森林公园（2公里）

中国蜜蜂博物馆

China Bee Museum

中国蜜蜂博物馆是由中国农业科学院蜜蜂研究所和中国养蜂学会主办的自然科学类博物馆，于1993年第33届国际养蜂大会在北京召开前夕筹建并获大会金奖。1997年经北京市文物局批准正式成立，先后被认定为北京市科普教育基地、海淀区科普创新基地，期间得到全国蜂业界的大力支持。

该馆坐落于风景秀美的国家植物园内，馆舍掩映在卧佛寺西侧的丛林中，展厅面积200平方米，基本陈列为"蜜蜂与蜂产品保健"展，内容包括中国养蜂史和蜂文化、养蜂资源、蜜蜂生物学、中国现代养蜂业、养蜂科技成果、蜂产品以及国际交流等部分，通过图片、实物、景观模型、录像播放等展示形式，生动直观的介绍了中国源远流长的养蜂发展历史，蜜蜂的生物学知识，现代养蜂科学技术和蜂产品市场繁荣发展的现状。同时，特别着眼于将蜜蜂博物馆建设成为中小学生物学教学的课外活动场所和爱科学、学科学的快乐园地，培养中小学生对蜜蜂科学和生物学的兴趣，满足他们对知识的渴望，并以蜜蜂的"品格"对他们进行高尚情操的熏陶。

📍 北京市海淀区香山卧佛寺西侧中国农业科学院蜜蜂研究所院内
Inside the Institute of Apicultural Research, Chinese Academy of Agricultural Sciences (IAR, CAAS) on the west side of the Wafo Temple in Xiangshan, Haidian District, Beijing

🕐 08:30-17:00
16:30停止入馆
闭馆日期：11月15日-3月15日

📞 010—62595735

🏞 国家植物园（500米内）
香山公园（2公里内）

古蜜蜂化石

中国蜜蜂博物馆收藏古蜜蜂化石，保存完好，与现代蜜蜂形态基本接近。

曹雪芹纪念馆

Cao Xueqin Hall

历史文化类
Historical Culture

免费
Free

曹雪芹纪念馆始建于 1984 年，是中国第一家以曹雪芹、《红楼梦》为主题的历史文化名人博物馆。

该纪念馆以发现曹雪芹友人赠联的原正白旗三十九号院为中心，修缮、复建、扩建而成。

展览内容包括曹雪芹故居场景复原陈设、曹雪芹书房陈设、建馆由来、曹雪芹家世、曹雪芹生活时代、曹雪芹生平、《红楼梦》的创作与传播、艺术衍生、红学等相关内容。

除展览外，纪念馆门外三棵三百余年的古槐、纪念馆周边的正白旗饮水井、乾隆二十年引水石渠、乾隆十四年碉楼、明清数十通碑刻等，一并构成了曹雪芹生活时代的文化空间。

建馆以来，依托红学、曹雪芹的魅力和国家植物园的优良环境、品牌，曹雪芹纪念馆先后接待国家元首、各级领导、海内外学人、红学爱好者逾千万人次。

📍 **北京市海淀区香山南路国家植物园内**
In China National Botanical Garden, Xiangshan South Road, Haidian, Beijing

🕐 **3月16日-11月15日**
08:00-17:30，17:00停止入馆
11月16日-3月15日
08:30-17:00，16:30停止入馆
每周一例行闭馆（法定节假日除外）

📞 010—82598771

🏞 国家植物园（500米内）

🛒 香山商圈（2公里内）

曹雪芹题壁诗文

题壁诗文系曹雪芹在正白旗书房西墙上抄录的诗文俗语，内容包括《六如居士集》《西湖志》《东周列国志》《水浒传》并友人赠联"远富近贫，以礼相交天下少；疏亲慢友，因财而散世间多"、当世俗语和兰花片段。

香山双清别墅

Xiangshan Shuangqing Villa

革命纪念类
Revolutionary Memorials

免费
Free

海淀区 | Haidian District

香山双清别墅隶属于北京市香山公园，位于公园南麓区域。1949 年 3 月 25 日，毛泽东率中共中央机关和中国人民解放军总部进驻北京香山。在这里，毛泽东、朱德同志发布向全国进军的命令，吹响了"打过长江去，解放全中国"的伟大号角，中国人民解放军以摧枯拉朽之势向全国各地胜利大进军，彻底结束了国民党在大陆的统治。在这里，毛泽东同志发表了《论人民民主专政》，为新中国的建立奠定理论基础和政策基础；在这里，中共中央与各民主党派、各界人士共同筹备中国人民政治协商会议，制定通过了起到临时宪法作用的《中国人民政治协商会议共同纲领》，确定了新中国的国体和政体，制定了一系列基本政策，描绘了建立建设新中国的宏伟蓝图。

香山双清别墅面向公众开放时间为 1980 年，现双清别墅与其余七处共同组成香山革命纪念地（旧址）。双清别墅设有上、下两个展室，上展室设有"毛泽东同志在香山"展览，下展室为毛泽东同志办公居住地陈列室。2009 年列为第四批全国爱国主义教育示范基地；2019 年 10 月列为第六批全国重点文物保护单位；2021 年 3 月列为北京市第一批革命文物。

📍 北京市海淀区香山买卖街香山公园内
Inside Xiangshan Park, Xiangshan Shopping Street, Haidian District, Beijing

🕐 09:00-16:30
16:00停止入馆
每周一例行闭馆（法定节假日除外）

📞 010—62591222

⛰ 香山公园（500米内）

六角红亭

院子中央的六角红亭，是双清别墅的标志性建筑。当年毛泽东同志在工作之余，会到亭子里休息，欣赏周围景色。南京解放后，他坐在亭子下的椅子上阅读捷报，留下了具有历史意义的照片。亭子里的藤桌、瓷鼓，都是根据毛泽东同志卫士长李银桥的回忆布置的。

中国电信博物馆
China Telecommunications Museum

自然科技类
Natural Science

免费
Free

中国电信博物馆是中国电信集团有限公司所属的国家级信息通信行业综合性博物馆，国家二级博物馆，是全面展示我国电信行业发展历史的窗口，收藏、保管、展览、研究电信文物的专门机构，传播电信科技、科普知识的文化场所，获评全国爱国主义教育基地、全国科普教育基地、北京市科普教育基地、中央企业爱国主义教育基地、科学家精神教育基地及北邮邮电文化教育实践基地。

为庆祝中国共产党成立100周年，纪念电信技术进入中国150年，2021年6月20日，中国电信博物馆精心打造并正式推出以

"百年电信 红色传承——中国电信业发展史陈列"为主题的基本陈列展览。本次展览围绕"烽燧连天 电信之光""百年电信 艰难起步""电信使命 红色基因""人民邮电 砥砺前行""改革开放 历史跨越""信通四海 赋能未来"六个单元系统回顾并讲述红色电信在党的坚强领导下从"半部电台"到"云监工"走过的百年历程，细致描绘中国电信业从艰难起步到发展、跨越、腾飞的历史画卷，全面展示中国电信担负建设网络强国、数字中国和维护国家网信安全的历史使命，以及在国家通信建设中取得的丰硕成果。

📍 **北京市海淀区学院路42号**
No. 42 Xueyuan Road, Haidian District, Beijing

🕐 **09:00-17:00**
16:00停止入馆
每周一例行闭馆

📞 **010—58843111**
010—58843008

🏛 元大都遗址公园（500米内）
京张铁路遗址公园（2公里内）

🛒 牡丹园商圈（1公里内）

📄 国安剧院（2公里内）
海淀剧院（2公里内）

共电式人工交换机座席

1907年由清政府从西门子公司引进，原装于东单电话局，因该座席曾连接北京城内官府衙门、王公大臣住宅到颐和园的电话线路，为慈禧太后服务，故被称作"老慈禧"。

中华世纪坛艺术馆
The China Millennium Monument

艺术类
Art

免费
Free

中华世纪坛艺术馆是中国人民迎接新千年、新世纪的标志性纪念建筑，是传统文化精神与现代设计艺术的巧妙结合，是集建筑、园林、雕塑、壁画等多种艺术形式于一体的大型人文景观。它以"中和""和谐"之美，体现了"人类与大自然的协调发展""科学精神与道德相结合的理想光辉"及东西文化相互交流、和谐融合的思想。

在总体艺术设计上，中华世纪坛艺术馆以"水"为脉，以"石"为魂，并以诗意化凝练的语言和中国艺术大写意的手法深化意境，昭示中华民族特有的宇宙观和美学精神。中华世纪坛是集建筑、园林、雕塑、壁画等多种艺术形式于一体的大型人文景观。它不仅是千年交替的永恒纪念，还是国内外文化、艺术、科技交流展示中心和爱国主义教育基地。

📍 北京市海淀区复兴路甲九号
No. 9(A) Fuxing Road, Haidian District, Beijing

🕐 09:00-17:00
16:10停止入馆
每周一例行闭馆（法定节假日除外）

📞 010-84187900

🏞 玉渊潭公园（500米内）

🛒 公主坟商圈（2公里内）

📄 中华世纪坛剧场（500米内）
中国宋庆龄青少年科技文化交流中心（1公里内）

中华千秋颂 壁画

中华世纪坛艺术馆环形彩色浮雕壁画"中华千秋颂"。壁画周长 117 米，高 5 米，面积 585 平方米，采用国内十五种天然彩色花岗岩雕刻而成。壁画以编年史为顺序，从文化、科技、艺术三个方面展开，共分四个历史阶段浓缩展示中华民族五千年文明的精神与发展脉络。

中国人民大学博物馆
Museum of Renmin University of China

中国人民大学博物馆以历史文物、艺术作品和学校历史并举，是集收藏、展示、研究、教育于一体的综合性、高水平高校博物馆。自2008年正式成立以来，博物馆先后在北京市文物局正式注册"中国人民大学博物馆"和"中国人民大学家书博物馆"，是中国博物馆协会常务理事单位，被授予"海淀区爱国主义教育基地""北京市廉政教育基地""北京市铸牢中华民族共同意识教育实践基地"等荣誉称号。

博物馆收藏有文物及陈列品9.7万余件（套），展陈面积5000余平方米，由校史展、馆藏专题展、临时展览三部分组成，现有"中国人民大学校史展——中国共产党创办新型正规大学的典范""尺翰之美——中国传统家书展""北国春秋——北方文物陈列展""遥远的记忆——古代于阗文书展""耕读传家——徽州文书展""股海遗珍——中国百年股票实物陈列""沈鹏书法精品收藏展"等常设展，同时年均推出十余场精品临时展览和文化活动。

中国人民大学博物馆以建设全国高校系统一流博物馆、全国文博系统特色博物馆为发展方向，致力于服务教学科研、学科建设和思政教育，是赓续中国人民大学光荣传统和红色基因，传承和弘扬中华优秀传统文化，铸牢中华民族共同体意识的重要文化阵地。

📍 北京市海淀区中关村大街59号中国人民大学
Renmin University of China, No. 59 Zhongguancun Street, Haidian District, Beijing

🕐 中国人民大学校史展
红色教育家吴玉章生平展
周一至周五 09:00-16:30
尺翰之美——中国传统家书展
周一至周五 14:00-16:30
馆藏专题常设展
周一、三、五 14:00-16:30
法定节假日及寒暑假期间开放时间将另行通知。

📞 010—62515691

🏞 双榆树公园（500米内）
知春公园（1公里内）

🛒 学院路商圈（1公里内）

📑 中国人民大学艺术学院艺术馆（500米内）
海淀剧院（1公里内）

陈独秀等致胡适信札

这批陈独秀早期文稿真迹的发现，在一定程度上填补了中国共产党建党早期文献研究的空白，进一步扩充了中国近现代历史研究领域的具体内容，从一个侧面反映了陈独秀从民主主义的文化救亡转向共产主义的政治救亡的思想轨迹。

中国化工博物馆
Chemical Industry Museum of China

自然科技类
Natural Science

免费
Free

中国化工博物馆是中编办批准成立的国家级行业博物馆。旨在展示、收藏中国化学工业的发展历程和重要成果，传播化学工业文明，普及科学知识，开展爱国主义教育。

中国化工博物馆建成于2008年，展厅面积3900平方米，基本陈列为中国化工史，以时间为线索展现各个不同历史时期行业发展所取得的重大成就。分为序厅、古代化工厅、近代化工厅、当代化工厅、展望未来厅、国计民生厅。通过生动的展品及图文，辅以各种

先进的展示手段，向观众详尽展示中国化学工业从古至今的发展历程，以及化工如何改变我们的生活，让我们的生活更加美好。通俗易懂向大众普及化工是什么，化工为什么，化工干什么。对外开放至今，博物馆获教育部中小学研学基地、中央企业首批爱国主义教育基地、北京市爱国主义教育基地和科普教育基地等12项挂牌资质。

⊙ 北京市海淀区北四环西路62号中国化工大厦三层
3rd Floor, China Chemical Building, No. 62 North Fourth Ring West Road, Haidian District, Beijing

🕘 **09:00-16:00**
15:00停止入馆
每周六、日例行闭馆（法定节假日除外）

📞 010—82677217
010—82677715

🏛 圆明园（1公里内）
中关村广场步行街（2公里内）

🛒 中关村商圈（2公里内）

📖 海淀图书馆（1公里内）

"继武前徽"匾额

该匾额为1934年11月中国酒精厂建成投产时业界同人所赠，距今已有近90年历史。中国酒精厂是1933年创办，其规模之大、设备之好，堪称远东第一。匾额镌刻"继武前徽"四个大字，寓意紧随先辈足迹，传承先辈辉煌。

铁道兵纪念馆
Memorial Hall of the Railway Corps

革命纪念类
Revolutionary Memorials

免费
Free

铁道兵纪念馆暨中国铁建展览馆，隶属于中国铁道建筑集团有限公司，场馆全面展示了铁道兵 35 年的辉煌历程和中国铁建 40 多年的不凡业绩。铁道兵纪念馆暨中国铁建展览馆共两层，建筑面积 4800 平方米，共有 27 个展厅，文物藏品 9000 多件（套）。铁道兵纪念馆是全国爱国主义教育示范基地、全国中小学生研学实践教育基地、全国铁路教育科普基地和科学家精神教育基地。

铁道兵纪念馆包括解放战争时期展厅、抗美援朝时期展厅、社会主义建设时期展厅、军队全面建设时期展厅和告别军旗展厅。

解放战争时期，"野战军打到哪里，就把铁路修到哪里"，铁道兵在战时共抢修铁路 3600 多千米，抢建铁路 690 多千米，公路 430 多千米，保障了解放战争的胜利。

抗美援朝时期，铁道兵入朝执行战地铁路保障任务，创建了"打不烂，炸不断的钢铁运输线"，使朝鲜通车里程由 107 千米延长至 1382 千米。

社会主义建设时期，铁道兵先后修建了黎湛、鹰厦、成昆、青藏等 52 条铁路和北京地铁 1、2 号线，共 12590 多千米，被祖国人民誉为"祖国建设突击队"。

北京市海淀区复兴路40号中国铁建大厦B座5～6层
5th to 6th floors, Block B, China Railway Construction Building, No. 40 Fuxing Road, Haidian District, Beijing

09:00-11:30
14:00-16:30
每周一、周末及法定节假日例行闭馆

010—52688237
010—52688420

北京国际雕塑公园（1公里内）
阳光星期八公园（1公里内）

五棵松店商圈（2公里内）

蓝天剧院（500米内）

成昆铁路通车纪念屏风

成昆铁路通车纪念屏风是 1970 年 7 月 1 日成昆铁路通车时，云南省革命委员会、昆明军区和四川省革命委员会、成都军区送给中国人民解放军铁道兵西南指挥部的通车贺礼，现在陈列于社会主义建设时期展厅。

北京御仙都皇家菜博物馆

Beijing Yuxiandu Royal Vegetable Museum

历史文化类
Historical Culture

免费
Free

北京御仙都皇家菜博物馆，位于北京市海淀区西四环北路 117 号，是由民营企业创办的全国首个独具特色的餐饮类博物馆。它集展展、教育、学研、文化交流、观光、品鉴、娱乐等多重功能于一身，旨在通过这一独特平台，珍藏与传承"御膳制作技艺"这一非遗明珠。

博物馆的初衷在于将那些遥远而枯燥的文字记载还原再现，让每一位参观者都能与历史对话，感受饮食与文化的交融。它承载着让中国美食走出国门、提升国民文明饮食素养、增强民族传统文化国际影响力的使命。

博物馆的文化展示区占地 2000 平方米，分为上下两层，共三大部分，展示着中国皇家菜的历史文化。这里浓缩展现了五千年来皇家菜文化的演进脉络，让参观者能够一览皇家饮食文化的辉煌历程。

整个展区运用多维博展语言、声光电技术和讲故事的手法，巧妙地引导受众穿越时空，与历史对话。公众可以观千年皇家文化长河，赏历代帝后食事奇闻，探宫廷膳食养生秘籍，悟现代文明饮食之道。御仙都皇家菜博物馆不仅是一个展示皇家菜文化的场所，更是一个让人们感悟历史、品味文化、追求健康饮食的圣地。

📍 **北京市海淀区西四环北路117号**
No. 117 West Fourth Ring North Road, Haidian District, Beijing

🕐 **10:30-14:00**
14:00-16:30停止入馆
16:30-21:00
21:00停止入馆

📞 **13522362880**

🏞 天一阁·竹林书苑（1公里内）

🛒 世纪金源商圈（2公里内）

紫光阁赐宴图（仿）

紫光阁位于紫禁城西侧的西苑中南海内。它始建于明代，在清代是皇帝阅射和殿试武举之所。乾隆二十五年（1760 年），紫光阁修缮完成，乾隆下旨将平定准部、回部的 100 名功臣画像张悬于四壁。次年正月，乾隆皇帝又在此设庆功宴。

清华大学艺术博物馆
Tsinghua University Art Museum

艺术类 Art　收费 Charge

清华大学艺术博物馆由著名瑞士建筑师马里奥·博塔主持设计，于2016年9月正式对公众开放。艺术博物馆馆藏丰富，现有书画、织绣、陶瓷、家具、青铜器和工艺杂项等七大类藏品，共计2.34万余件，其中不乏历代名家精品力作，数量和质量在高校博物馆中均属上乘。艺术博物馆以"彰显人文、荟萃艺术，精品展藏、学术研究，内外交流、资讯传播，涵养新风、化育菁华"为方针，依托清华大学多学科优势，致力于促进艺术学科发展，加强艺术学科与理、工、人文等学科之间的交叉与融合，荟萃各类优质人文艺术资源，为培养创新人才和全民美育服务。至2023年12月，已推出高水平展览108个，举办各类学术及教育活动300余场，接待国内外观众近330万人次。2020年，清华大学艺术博物馆获评"国家一级博物馆"称号。这里是广大师生和社会公众近距离接触中国乃至世界灿烂文明和经典艺术的重要场所，是清华大学的一张亮丽名片，也为北京市增添了一座风格独特的文化艺术殿堂。

📍 北京市海淀区清华大学艺术博物馆
Tsinghua University Art Museum,
Haidian District, Beijing

🕘 **09:00—17:00**
16:30停止入馆
每周一例行闭馆（法定节假日除外）

📞 010—62785903

🏛 清华大学校史馆（1公里内）
荷塘月色（1公里内）

🛒 五道口商圈（2公里内）

📋 蒙民伟音乐厅（1公里内）
圆明园文化馆小剧场（2公里内）

红色缎绣人物花卉纹宫衣

该藏品身长130厘米，两袖通长220厘米，袖口宽54.5厘米，下摆宽92厘米，是刺绣工艺的鸿篇巨制，服饰上仅刺绣各色人物就达248个，而且云肩、趟袖、腰围及凤尾部分均错落钉缀有1.3厘米的银色金属片，与金绣纹饰光泽相互作用，呈现出流光溢彩的效果。

中国人民大学家书博物馆

Renmin University of China The Museum of Family Letters

中国人民大学家书博物馆是经中国人民大学校长办公会（2015—2016 校政字 18 号）批准设立、北京市文物局备案（京博备字 2016 第 07 号）的公益性文化机构，属于文献类专业性高校博物馆。

中国人民大学家书博物馆的前身是中国人民大学博物馆家书展厅，2016 年 10 月 26 日正式揭牌成立，著名书法家沈鹏题写馆名。中国人民大学家书博物馆以收藏、保护、研究、展示、弘扬传统家书文化遗产为己任，主持全国性抢救民间家书项目，下设家书文化研究中心，致力于建设中国家书档案资料中心和家书、家训、家风文化传承基地。

中国人民大学家书博物馆现收藏家书 7 万余封，均为各界朋友无偿捐赠。藏品时间从明末清初至 21 世纪，主要是晚清民国以来普通人的家书，包括红色家书、抗战家书、军旅家书、知青家书、两岸家书、海外家书、抗疫家书等。其中也有一些名人家书，比如：康有为、梁启超、黄兴、蔡锷、陈独秀、钱玄同、任鸿隽、陈衡哲、陶铸、邓子恢、林默涵、谢冰莹、滕代远、朱学范、项南、巴金、陈翰笙、胡华等。

中国人民大学家书博物馆坐落于北京市海淀区中关村大街 59 号人大校园内博物馆三层，设有常设展览"尺翰之美——中国传统家书展"，每周一至五 08:30-16:30 免费对外开放。

📍 **北京市海淀区中关村大街59号中国人民大学家书博物馆**
Renmin University of China
The Museum of Family Letters,
No. 59 Zhongguancun Street,
Haidian District, Beijing

🕐 **08:30-16:30**
16:30停止入馆
每周六、日例行闭馆

📞 010—88616101

🏞 双榆树公园（2公里内）
紫竹院公园（1公里内）

🛒 万泉河商圈（1公里内）

📖 中国人民大学图书馆（500米内）
海淀剧院（1公里内）

陈独秀致胡适等人的信札

信札的作者主要是陈独秀，收信人是在北京的胡适、李大钊等《新青年》同人编辑，写信时间主要集中在 1920 年 5 月至 1921 年 2 月，集中讨论了《新青年》杂志如何继续办刊的问题。

北京国韵百年邮票钱币博物馆

Beijing Guoyun Centennial Stamp and Coin Museum

历史文化类
Historical Culture

免费
Free

北京国韵百年邮票钱币博物馆，是一座承载着深厚历史文化底蕴的殿堂，它以邮票与钱币的历史与艺术研究为核心，致力于系统展示中国邮票与钱币的辉煌历程和丰富内涵。

作为一座综合性博物馆，北京国韵百年邮票钱币博物馆以展览展示、学术交流、检测鉴定、文创开发为四大主旨，集邮票、钱币的收藏、陈列、展示和研究于一身，肩负着引领和推动邮票、钱币学术研究与交流的重要使命。它不仅是学术研究的高地，更是文化交流的桥梁，弘扬着邮票钱币文化的独特魅力。

通过基本陈列和举办精彩纷呈的多种专题陈列，北京国韵百年邮票钱币博物馆向公众全面展示了邮票钱币的历史发展轨迹和文化内涵。每一枚邮票、每一枚钱币都承载着一段故事，诉说着中华文明的辉煌历程。公众可以近距离欣赏到珍贵的邮票钱币藏品，感受到它们所蕴含的历史韵味和文化价值。

北京国韵百年邮票钱币博物馆致力于弘扬和传承中华文明与优秀文化，让更多的人了解和认识到邮票钱币文化的独特魅力。它不仅是一个展示历史文化的场所，更是一个启迪智慧、传承文明的会馆。

海淀区 Haidian District

📍 北京市海淀区玲珑路亮甲店一号恩济西园九号楼一层
1st Floor, Building 9, Enji Xiyuan, No.1 Liangjiadian, Linglong Road, Haidian District, Beijing

🕐 **09:00-16:00**
15:30停止入馆
每周一例行闭馆，法定节假日开放时间将另行通知。

📞 010—88112988

⛰ 枫林公园（2公里内）
京门铁路主题公园（1公里内）

🗎 北京节水展馆（500米内）
中国书画美术馆（500米内）

"伟大祖国的建设成就"系列邮票

1952 年出版的"伟大祖国的建设成就"系列邮票，展示了新中国的强大生命力。

北京市姜杰钢琴手风琴博物馆

Beijing Jiangjie Piano and Accordion Museum

北京市姜杰钢琴手风琴博物馆开展与钢琴、手风琴音乐类相关文物、艺术品的展览、展示，致力于推广钢琴和手风琴音乐文化。为首都人民及世界各国人士提供了一个参观交流的平台。为丰富居民文化生活，坚持免费向公众开放，为首都博物馆文化事业做出应有的贡献。主要展品为中国早期制造和欧洲制造的古典钢琴、手风琴等，包括名家用琴。

📍 北京市海淀区羊坊店街道茂林居4号楼东侧二层
2nd Floor, East Side, Building 4, Maolinju, Yangfangdian Street, Haidian District, Beijing

🕐 **10:00-16:30**
16:30停止入馆
法定节假日开放时间将另行通知

📞 010—64890242

🍴 远香园（1公里内）
会城门公园（1公里内）

🛒 木樨地商圈（1公里内）

📋 中华世纪坛剧场（1公里内）

英国本特历（BENTLEY）钢琴

英国本特历（BENTLEY），世界前五大顶尖钢琴品牌。创办于1830年斯特罗德小镇。追求完美的钢琴制造工艺，精选海拔2600英尺以上生长、树龄超过150年的云杉木，最后要入选琴材前，还以显微镜检视木材荫干和材质状况经过严格选材产量极低，一年仅约生产3000部，相当具有收藏价值。

香山革命纪念馆

Xiangshan Revolution Memorial Hall

革命纪念类
Revolutionary Memorials

免费
Free

香山革命纪念馆，矗立于风景秀丽的香山脚下，2019年9月13日正式向公众开放。这座纪念馆凭借其卓越的建筑质量和深厚的文化内涵，荣获了中国建设工程领域的最高奖项——鲁班奖（国家优质工程），更被媒体称赞为"北京新地标"。

香山革命纪念馆不仅是集中展示香山革命历史的重要场馆，更是传承弘扬首都红色文化的重要抓手、加强爱国主义教育和革命传统教育的重要载体。它承载着深厚的历史底蕴，见证了中国革命的光辉历程，为后人提供了一个缅怀先烈、铭记历史的圣地。

馆内精心策划的《为新中国奠基——中共中央在香山》基本陈列展，是目前国内唯一全面展示中共中央进驻香山时期辉煌历史的大型展览。展览通过丰富的图片和珍贵的文物，生动地再现了中共中央在香山时期的峥嵘岁月和辉煌成就。共展出图片800余张、文物1200余件，每一件展品都蕴含着深刻的历史内涵和文化价值。这一展览凭借其独特的视角、丰富的内容和精湛的展示设计，荣获了"第十七届（2019年度）全国博物馆十大陈列展览精品推介"特别奖，这是对香山革命纪念馆工作的高度认可和充分肯定。

海淀区 Haidian District

📍 北京市海淀区红枫路1号院
No. 1 Courtyard, Hongfeng Road,
Haidian District, Beijing

🕐 **09:00-16:30**
16:00停止入馆
每周一例行闭馆（法定节假日除外，春节期间开放事宜另行通知）

📞 010—62720073

🏞 国家植物园（1公里内）
香山公园（1公里内）

开国大典使用的大红灯笼

1949年10月1日，开国大典在天安门城楼举行，城楼上8盏大红灯笼，装点节日的气氛，使古老的天安门城楼显得既隆重喜庆又典雅大方。作为见证新中国成立的珍贵文物，它在香山革命纪念馆向世人展示新中国成立的重要历史。

颐和园博物馆
The Summer Palace Museum

历史文化类
Historical Culture

¥ 收费
Charge

颐和园博物馆位于颐和园内文昌阁东侧，占地面积 5661 平方米，建筑功能满足了博物馆陈列与文物管理的现代化要求，并与颐和园的园林环境融为一体，是目前国内园林系统中具有鲜明特色的皇家园林博物馆。该文物展馆自 2000 年 9 月 1 日对游客开放，经过二十余年运行，于 2021 年 9 月 28 日，颐和园博物馆正式挂牌成立。

颐和园博物馆文物藏品种类多、级别高、系统性强，时代上至商周，下迄民国，涵盖铜器、玉器、瓷器、木器、漆器、书画、古籍、珐琅、钟表、杂项等几乎中国传世文物的所有门类，现有近 4 万件可移动文物藏品，是颐和园文化遗产价值的重要体现。这些馆藏文物大多为清代宫廷旧藏，代表了清代皇家园林文物收藏及晚清工艺制作的最高水平。颐和园博物馆通过外国文物厅、瓷器厅、玉器厅、盆景厅的文物藏品常设陈列，以及专题临时展览等方式，深入挖掘园林文物背后的故事，让文物说话、让历史说话、让文化说话。

○ 北京市海淀区青龙桥街道颐和园内
Inside the Summer Palace in Qinglongqiao Street, Haidian District, Beijing

○ 4 月 1 日 -10 月 31 日
08:00-18:00，17:30 停止入馆
11 月 1 日 -3 月 31 日
08:30-17:00，16:30 停止入馆
每周一例行闭馆（法定节假日除外）

○ 010—62881144

○ 颐和园（500米内）
北坞公园（1公里内）

○ 西苑商圈（2公里内）

○ 中关村国家自主创新示范区展示中心（1公里内）

华士胡博绘慈禧油画像

画像由美籍荷兰裔画家华士胡博于光绪乙巳年（1905 年）绘制而成。画面中慈禧端坐在宝座上，表情略带庄严，而又显得尊贵。身着黄色寿字纹袍服，颈间围着寿字嵌珠花巾，头戴玉蝴蝶、耳饰珠坠，手持牡丹富贵团扇，戴金护指套。

中关村村史馆
Zhongguancun History Museum

历史文化类 Historical Culture

免费 Free

中关村村史馆于 2020 年 12 月建成开放，其宏伟的建筑面积达 1300 平方米，其中地下室与一层精心打造成展示空间。设有两个常设展览——"中关村历史展"和"初心致远——中关村特楼的党员科学家"，它们以生动的叙述，展现了中关村的聚落演变发展史、科技文化发展史、创新思想发展史。同时，这些展览也深入讲述了中关村众多杰出的科学家、企业家如何以科学报国、产业报国的故事，共同铸就了中关村创新创业的伟大征程和宝贵经验。

"中关村历史展"匠心独运，划分为四个展区："中关·记忆""科学·进军""创业·试验"和"中国·世界"。这些展区以时光通道为纽带，巧妙串联，通过丰富的展陈形式，如实物展示、珍贵档案、动态屏幕、微缩沙盘以及交互投影等形式，生动地描绘了中关村的发展脉络，让人仿佛穿越时空，亲身感受那波澜壮阔的历史。

"初心致远——中关村特楼的党员科学家"展览则独具一格，它展示了 16 位特楼科学家的入党志愿书或党员登记表等珍贵资料。这些资料不仅记录了他们的入党历程，更全方位地展现了老一辈党员科学家对初心的坚守、对使命的担当，令人深感敬佩。

北京市海淀区双榆树西里18号
No. 18 Shuangyushu Xili, Haidian District, Beijing

09:00-11:30，11:00停止入馆
14:00-16:30，16:00 停止入馆
每周末及法定节假日例行闭馆

010—62631162

双榆树公园 (500米内)
知春公园 (1公里内)

中关村商圈 (1公里内)

海淀剧院 (1公里内)

中关村特楼模型

中关村特楼是市级历史建筑，曾经居住过 60 多位著名科学家，其中有 32 位是中科院首批学部委员，有 6 位是"两弹一星"功勋奖章获得者，可谓群星璀璨。两座特楼模型中模拟了三位科学家的居家生活，特楼对面复刻了钱三强先生书房的一角，通过 VR 眼镜可以查看书房全景。

国家典籍博物馆
National Museum of Classic Books

历史文化类 Historical Culture

免费 Free

国家典籍博物馆依托国家图书馆宏富馆藏，以展示中国典籍、弘扬中华文化、创新阅读服务方式、保护文化遗产、加强中外文化交流、提升国家软实力为宗旨。国家典籍博物馆集典籍的收藏、展示、研究、保护、公共教育、文化传承、文化休闲于一体，是中华典籍文物的收藏中心，典籍文化的展示中心、交流中心、研究中心和保护中心，青少年中华传统文化教育基地，爱国主义教育平台和公众文化休闲中心。

2012 年 7 月，国家图书馆加挂"国家典籍博物馆"牌子，国家典籍博物馆正式成立，并于 2014 年 9 月正式对公众开放。国家典籍博物馆是国内首家国家级典籍博物馆，位于北京市海淀区中关村南大街，国家图书馆总馆南区，建筑总面积 11549 平方米，共 10 个展厅，为公众提供了更广阔的参观空间、更好的休闲场所和更佳的博物馆体验。

国家典籍博物馆自开馆以来已在本馆馆区举办展览近 200 场，线下线上巡展 500 余场。展览多次获得"弘扬中华优秀传统文化、培育社会主义核心价值观"主题展览重点推介项目，"全国博物馆十大陈列展览精品推介"；策划的 VR 项目在上海国际电影节、中国金鸡百花电影节上获得数项荣誉。

📍 **北京市海淀区中关村南大街33号**
No. 33 Zhongguancun South Street, Haidian District, Beijing

🕐 **09:00-17:00**
17:00停止入馆
每周一例行闭馆（国家法定节假日另行通知）

📞 010—88545426

⛰️ 五塔寺公园（1公里内）
紫竹院公园（500米内）

🛒 白石桥商圈（500米内）

《永乐大典》

《永乐大典》是明永乐年间编纂的一部类书，共 22937 卷（含目录和凡例 60 卷），11095 册，约 3.7 亿字，汇集图书七八千种，正本下落成谜，截至目前仅发现有副本 400 余册、800 余卷及部分零页存世。国家典籍博物馆举办《永乐大典》相关陈列，促进这部旷世宏编的展示、利用与活化。

*北京龙在天皮影博物馆

Beijing Dragon in the Sky Shadow play Museum

艺术类
Art

免费
Free

北京龙在天皮影博物馆，位于北京海淀区上庄镇，京西皮影非遗文化园区内，展陈面积320平方米，是北京市第一个活态皮影文化主题类博物馆。

博物馆由北京市文物局博物馆处、博物馆学会、海淀区文旅局指导，由"京西皮影"代表性传承人王熙（王丽娟）投资开办，馆内藏有明清时期古旧皮影艺术品道具300余件（套），藏品涉及北京、陕西、山西、甘肃、河北、河南、浙江等多个地区皮影艺术流派。

博物馆文字翔实，资料丰富，首次梳理了北京地区自宋金时期到明、清、民国以及当代皮影文化的发展脉络。采用历史由来、重要人物、重点剧目、有关文献，通过投影、橱窗、沙盘、影像等多种形式，展示了北京城区和京郊乡村皮影艺术的雕刻技艺、伴奏乐器、曲谱唱腔等诸方面，恢复了老北京京剧皮影"双下锅"（钻筒子）堂会演出场景，可以现场演出老北京多个皮影剧目，实现了活态展示。

同时，博物馆还展出了近20年北京地区皮影艺术传承保护和行业发展的成绩。经北京市文物局博物馆处批准，北京龙在天皮影博物馆于2023年11月30日正式挂牌，对公众开放，成为北京市皮影艺术展示的重要窗口和"京味文化"旅游新亮点。

📍 北京市海淀区上庄白水洼路东五百米

500 meters east of Baishuiwa Road, Shangzhuang, Haidian District, Beijing

🕐 **09:00-11:30**
13:30-16:30
每周一例行闭馆

📞 010—62409612

🏞 圆明园遗址公园（1公里内）

🛒 西苑商圈（2公里内）

🏛 北京大学地质博物馆（1公里内）

京西皮影人物：老旦

皮影老旦为北京龙在天皮影博物馆藏品，采用手工皮影雕刻传统工艺，雕刻精美，造型独特，为经典"倒八字眉"，面部通过流畅线条表现了一位年逾古稀的老妪面部表情。人物服饰华美，表现其身份为富贵家庭的老年女性。

海淀区 Haidian District

*国玉印象和田玉博物馆
GuoYu Impression Nephrite Museum

国玉印象和田玉博物馆是中国首家专注于介绍和田玉文化的专题类民办非盈利博物馆，填补了中国博物馆界的一项空白。博物馆占地面积约3000平方米，由新疆政府支持建设。

国玉印象和田玉博物馆以六大篇章为基础，全面展示和田玉的历史文化和当代精髓。博物馆展示了和田玉的创作和工艺制作过程，不定期开展大师作品展和学术讲座，邀请相关学者进行深入解读。博物馆还引进了五大流派（京派、海派、苏派、扬派、西域派）玉雕大师的典型代表作品，让人们近距离欣赏大师的作品。博物馆通过展示和田玉的历史文化和当代精髓，让人们更好地理解和欣赏这一传统文化艺术。

国玉印象和田玉博物馆的开放不仅为游客提供了一个深入了解和田玉文化的机会，也为和田玉艺术的传承和发展做出了积极贡献，弘扬了中华传统文化的软实力，展示了中国玉文化的博大精深。

📍 北京市海淀区三里河路七号院新疆大厦北门西侧
GuoYu Impression Nephrite Museum,Erligou Middle St,Haidian District Beijing

🕐 09:00-17:30
16:30停止入馆

📞 010—68332882

🏛 北京动物园（1公里内）
紫竹院公园（2公里内）

🛒 车公庄商圈（500米内）

🎬 北京展览馆剧场（2公里内）
国图影院（2公里内）

白玉双龙戏珠镯

时代：清（1636—1912 年）
尺寸：61.20 毫米 ×10.34 毫米
材质：白玉
藏品描述：玉镯取白玉为材，琢作二龙戏珠形，镯式浑圆饱满。龙双首连体，眼、鼻、吻部用浅浮雕突出，耳、角、发绺则以流畅的阴线刻画，吻部施以镂雕表现张口露齿之状，凸吻间雕饰一龙珠，雕工简练。

门头沟区博物馆

Museums in Mentougou District

永定河文化博物馆

Yongdinghe Culture Museum

综合地志类
Chorography

免费
Free

永定河文化博物馆（前身为门头沟区博物馆）是北京市第一家流域文化综合博物馆。1984 年 9 月正式建成开放接待观众，2011 年 8 月正式更名。现馆址占地面积 5330 平方米，建筑面积 10120 平方米，展厅面积 4000 多平方米。此外，还有多功能厅、会议室、资料阅览室等辅助设施。永定河文化博物馆是以收藏、研究、展示历史、革命史和民俗文物、自然标本等，传播科学知识，介绍、推广新技术和学术发现等科学成果为主要内容的文化教育机构。永定河文化博物馆现有"平西抗日斗争史陈列""从历史走来的门头沟"、"永定河文化博物馆珍藏石刻展"三个基本陈列。永定河文化博物馆曾荣获首都文明服务示范窗口、北京市语言文字工作先进集体、北京市校外先进集体、北京市科普教育基地、北京市爱国主义教育基地、北京市中小学生校外大课堂等荣誉称号。

📍 北京市门头沟区门头沟路8号
No. 8 Mentougou Road,
Mentougou District, Beijing

🕐 09:00-16:00
15:40停止入馆
每周一例行闭馆

📞 010—69823632

🛒 门头沟区中昂时代广场（500米内）

📄 门头沟区影剧院（1公里内）
门头沟区文化馆（1公里内）

石虎枕

石虎枕高 13、横 40、宽 16 厘米，此石雕为虎枕，刻于金代，材质为汉白玉，已有八百余年的历史。此石雕为 1997 年门头沟区斋堂镇白虎头村上交至博物馆。其石虎外形浑圆古朴，双目如极具张力与威严。

冀热察挺进军司令部旧址陈列馆

Exhibition Hall of the Former Site of the Jirecha Advance Command Headquarters

冀热察挺进军司令部旧址陈列馆位于门头沟区斋堂镇马栏村，是北京市第一家由农民集资建立的村级陈列馆。1937年11月7日，党中央决定成立冀热察军区。1938年2月萧克将军在斋堂组建了冀热察挺进军，马栏村为挺进司令部所在地，挺进军包括七团、八团、九团、十团、十二团及十几支抗日游击队，活跃在冀热察抗击日寇，为华北地区的抗战斗争做出了伟大贡献。

1997年7月7日，萧克、肖文玖、武光、臧伯平等30位老将军为陈列馆剪彩揭牌。陈列馆展览面积200平方米，分7个展室，展出实物103件、图片175件、包括挺进军的组成，英雄的马栏村，鱼水情长雕塑1组，共和国的将军等内容，讲解词中还包含老一辈革命家艰苦奋斗的工作作风、勤俭节约的生活作风、诚实守信的处事作风等内容。马栏村内保留有挺进军司令部政治处、警卫班、医院、枪械所等大量抗战时期遗址。

冀热察挺进军司令部旧址陈列馆被授予全国红色旅游景点景区，北京市廉政教育基地，北京市爱国主义教育基地，北京市国防教育基地，北京市青少年教育基地等称号。

北京市门头沟区斋堂镇马栏村
Malan Village, Zhaitang Town, Mentougou District, Beijing

08:00-16:00
16:00停止入馆

010—69816347

马栏旅游景区（2公里内）

红色记忆书屋（500米内）

萧克将军使用过的木箱

1938年11月25日，中央决定成立八路军冀热察挺进军，派萧克将军前往开辟平西抗战根据地。由于时间紧任务重，出发时没有带足生活物品，当萧克将军到达马栏村冀热察挺进军驻地后，急需一个收纳箱，百姓们就自发找了该木箱送给将军。

房山区博物馆

Museums in Fangshan District

北京房山云居寺石经博物馆

Beijing Fangshan Yunju Temple Stone-Carved Scriptures Museum

历史文化类
Historical Culture

￥ 收费
Charge

北京房山云居寺石经博物馆位于北京西南房山区境内，占地面积7万多平方米。1961年3月4日，房山云居寺塔及石经被国务院公布为首批全国重点文物保护单位。1995年12月，正式注册登记为"云居寺石经陈列馆"。1997年被北京市人民政府命名为爱国主义教育基地。2001年成为国家AAAA级旅游景区。2009年6月，经北京市文物局批准将"云居寺石经陈列馆"更名为"云居寺石经博物馆"。

云居寺，始建于隋末唐初，自古便享有"北方巨刹"之美誉。它与石经山藏经洞、唐辽塔群共同构成了我国佛教文化的一大宝库。

馆内所珍藏的石经、纸经、木经版，被誉为云居"三绝"，其珍稀程度令人叹为观止。尤其是那14278块石刻佛教大藏经，更是名扬四海，堪称佛教文化之瑰宝。每一块石经都凝聚着古人的智慧与虔诚，蕴含着"坚韧不拔、锲而不舍、一丝不苟、默默奉献"的房山石经精神。馆内还现存着唐、辽及清代古塔十余座，这些古塔巍峨耸立，见证了云居寺的沧桑岁月。

为了向观众展示云居寺丰厚的历史文化内涵，馆内设有石经地宫、敬畏千年房山石经展、舌血真经展、龙藏木经展等基本陈列。这些展览不仅展示了云居寺的珍贵文物，更让人们在参观中感受到了云居寺千年历史文化的博大精深和深厚底蕴。

📍 北京市房山区大石窝镇水头村南
Shuitou Village South, Dashiwo Town, Fangshan District, Beijing

🕐 4月25日-10月15日
09:00-16:30，16:00停止入馆
10月16日-次年4月24日
09:00-16:00，15:30停止入馆

📞 010-61389612

⛰ 石经山风景区（1公里内）

房山石经

房山石经创刻于隋大业年间（605—618年），历经隋、唐、辽、金、元、明六个朝代，共镌刻石经14278块，享有"国之重宝""世界之最"的美誉。其中，4196块石经保存在石经山九个藏经洞内，10082块石经存放于石经地宫中。

周口店遗址博物馆
Zhoukoudian Site Museum

历史文化类
Historical Culture

¥ 收费
Charge

周口店遗址博物馆是一处自然科学类博物馆，是全国首批国家一级博物馆。新馆始建于2011年7月，2014年5月18日向公众开放。博物馆建筑面积8093平方米，建筑外形源于周口店遗址重要文化元素——石器。新馆集研究、收藏、展览、展示、科普教育、文化交流于一体。馆内展出藏品包括古人类、古动物、文化遗物等一千余件，分四个展厅，采用"实物展陈与互动体验相结合、文物展示与场景再现相结合、传统展陈与数字技术相结合"的展陈手段，系统介绍了周口店遗址的发现、发掘、研究和保护。

周口店遗址1961年被国务院公布为全国重点文物保护单位；1987年被联合国教科文组织列入世界文化遗产名录；1992年被北京市政府授予"青少年科普教育基地"；1997年被中宣部授予"全国爱国主义教育示范基地"；2005年被国家旅游局评为国家AAAA级旅游景区；2010年被国家文物局评为国家考古遗址公园；2011年被联合国教科文组织亚太地区世界文化遗产培训与研究中心授予"世界遗产青少年教育基地"；2012年被中国科学技术协会授予"全国科普教育基地"。2015年周口店遗址博物馆新馆基本陈列荣获第十二届（2014年度）全国博物馆十大陈列展览精品奖。

📍 北京市房山区周口店大街13号
No. 13 Zhoukoudian Street,
Fangshan District, Beijing

🕐 4月1日-10月10日
09:00-16:30，16:00停止入馆
10月11日-3月31日
09:00-16:00，15:30停止入馆
每周一例行闭馆（法定节假日除外）

📞 010-53230035

🏞 周口店生态公园（1公里内）
周口店北京人遗址公园（1公里内）

📋 房山周口店官地地质
文化村（3公里内）

"北京人"Ⅲ号头盖骨模型

该藏品1929年出土于周口店遗址第1地点，1941年失踪，这件是当时根据原件复原而成的模型，为二级标本。该头骨属于一个八、九岁的儿童，脑量约为915毫升。头骨低平，前额较扁而后倾，其左右眼眶的上方各有一条粗厚的眉脊。

房山 Fangshan District

房山世界地质公园博物馆

Fangshan Global Geopark Museum

自然科技类
Natural Science

免费
Free

　　房山世界地质公园博物馆位于房山区长沟镇，占地面积 6.11 公顷，建筑面积 10000 平方米，展示面积 5800 平方米，主要由室内展陈和室外科普广场两部分组成。2010 年 5 月 15 日对外开馆，是中国地质博物馆分馆。博物馆设计立意为"石破天惊"，整体建筑顺应自然地势、演绎造山运动、隐喻人类起源、应用地域材料，充分体现了"尊重自然机理、活用原生地形、造型自然舒展、内外空间一致"的特点，具有科普性、知识性和趣味性。博物馆馆内设有开篇厅、宇宙奥秘厅、地史演化厅、资源展示厅、地质科普厅、世界地质公园大家庭厅、生物多样性展厅、矿物标本厅、展望厅九大展厅。附属设施包括容纳 240 人的学术报告厅、84 个座位的 4D 影厅，同时还

有科普活动室、游客服务中心等。室外科普广场，设有大型的岩石标本和地学名人塑像等。博物馆还拥有来自世界各地的地质藏品 3000 余件、全新的 AR 动态演示系统、灯光控制系统、多媒体控制系统等众多设备。

岩石柱及官地杂岩

公园保存有距今 35 亿年以来完整的地层序列，系统地记录了地质的历史变化，把取自地球深处的岩石按照形成时间先后，由下向上排列成岩石柱，分别代表着从太古代到新生代五个时代的地质变迁。岩石柱依次是：太古柱、元古柱、古生柱、中生柱和新生柱。

北京东璧堂中医药博物馆

Beijing Dongbitang Traditional Chinese Medicine Museum

历史文化类 Historical Culture

免费 Free

北京周氏时珍堂药业有限公司的党支部书记、董事长周海利是一位在中医药行业深耕三十余年的资深人士，他于 2011 年 5 月创立时珍堂中医药博物馆。为适应发展需要，于 2021 年 3 月更名为北京东璧堂中医药博物馆，并取得了北京市文物局颁发的民办非企业单位登记证书。

北京东璧堂中医药博物馆以中医药文化藏品为主，馆内珍藏了大量与中医药相关的文物，其中一级文物有 20 余件（套），二级文物有 50 余件（套），三级文物更是高达 1000 余件（套）。总藏品数量达到了 15 万余件（套）。

北京东璧堂中医药博物馆设有多个展厅，包括医药堂号匾额长廊、妙手回春堂坐诊展厅、医用角骨类展厅、古籍文献展、红色革命医药展、赤脚医生展、吕炳奎名医展、民间医药器具展、禁烟戒烟教育展、周氏膏滋炮制技艺展、药材标本展厅和文创作品展等。其中，红色革命医药展厅是博物馆的特色展厅，见证了红色革命时期中医药的贡献。

2019 年 4 月，北京东璧堂中医药博物馆应国家中医药管理局要求，在北京世界园艺博览会上，搭建了本草印象馆，向全世界展示了中国中医药文化的魅力。

2023 年 11 月，东璧堂中医药博物馆承办了世界中医药学会联合会博物馆工作委员会 2023 年度学术年会暨工作会议，汇聚了中医药文化和博物馆领域的馆长、专家和学者，大家共同探讨中医药博物馆工作的传承、发展和创新，为推动中医药博物馆文化建设贡献力量。

北京市房山区兴阎街11号院1号楼
Building 1, Courtyard 11, Xingyan Street, Fangshan District, Beijing

09:00-11:30
13:00-17:00
16:30停止入馆
每周一例行闭馆

010—57809287
13260316212

黄河巨龙化石

距今 8000 万年的"黄河巨龙"化石，全长 14 米，高 3.5-4 米，重达 10-15 吨，是"中国亿万年前十大最著名恐龙"之一，弥足珍贵。

北京莱恩堡葡萄酒文化博物馆

Beijing Chateau Lion Wine Culture Museum

艺术类 Art
免费 Free

北京莱恩堡葡萄酒文化博物馆是一家专业的葡萄酒类博物馆。博物馆内设由四部分构成的"莱恩堡葡萄酒文化展"。第一部分"文明璀璨 佳酿传世"追溯公元前 6000 年葡萄种植的起源，及至大航海时代造就的新世界葡萄酒产区等。第二部分"甘美醇香 品醉中华"回顾中国古典文化早期的《诗经》对葡萄的记载、张骞自西域引入葡萄、近代西方葡萄酒东来、现代中国葡萄酒技术革新等，展示中国葡萄酒文化的渊源与日新月异的发展。第三部分"自然馈赠 房山新酿"讲述房山区响应国家政策、借自然地理优势发展葡萄酒产业及近年来取得的各项成就。第四部分"创新探索 莱恩之道"总结北京莱恩堡国际酒庄创建以来在工艺领域取得的成就和荣誉。

除此之外，博物馆设有世界葡萄酒长廊，展示了全球 40 个酿酒国家的葡萄酒风格与酒品。同时设有互动体验项目，将葡萄酒酿造工艺与互动投影结合，让游客在参观游玩的过程中了解葡萄酒的酿造工艺，寓教于乐。

📍 北京市房山区长阳镇稻田第一村长周路西侧北京莱恩堡国际酒庄城堡主楼
West of Changzhou Road, Daotian First Village, Changyang Town, Fangshan District, Beijing, the main building of Beijing Chateau Lion International Winery Castle

🕘 **09:00-17:00**
16:00停止入馆
春节闭馆

📞 010—80365588

⛲ 兰花文化休闲公园（500米内）

🛒 长阳商圈（2公里内）

莱恩堡吉祥如意葡萄酒

莱恩堡国际酒庄自主研发的"吉祥"和"如意"两款葡萄酒，采用 2019 年 5 月获得国家农业农村部植物新品种保护权的"莱恩堡王子"和"莱恩堡公主"葡萄品种酿造，荣获多项国际葡萄酒大赛的金奖和银奖。

北京文景珍本期刊博物馆

Beijing Wenjing Rare Journal Museum

历史文化类
Historical Culture

免费
Free

　　北京文景珍本期刊博物馆以收藏展示中国期刊，尤其是以新中国期刊历程号为特色，透过一份份期刊所形成的试刊号、创刊号、改刊号、休刊(停刊)号、复刊号、终刊号等实物，能使公众快捷、准确地了解它们曾经的岁月，全面、完整地知晓它们生命的过程，同时又可展现我国各行业发展的风貌和奋进的历程，是对人们进行优秀传统文化、爱国主义教育的理想基地，也是期刊工作者、收藏者阅览、研究期刊的重要园地。

　　期刊是时代的晴雨表，它忠实地反映时代，记录历史。从它创刊至终刊的历程中，也能折射出时代的背景和历史的片段，为研究时代和历史提供佐证。经过岁月的洗礼，一些期刊现已成为珍贵的历史文物。期刊所积淀的丰富史料，也是中国优秀传统文化的一部分。

北京市房山区阎村镇兴阎街5号院1号楼2层
2nd Floor, Building 1, Courtyard 5, Xingyan Street, Yancun Town, Fangshan District, Beijing

09:00-17:00
16:00停止入馆
每周一、二例行闭馆

15910272609

房山夕阳红公园 (2公里内)
房山红领巾公园 (2公里内)

《青年杂志》创刊号

《青年杂志》1915年9月15日由陈独秀在上海创办，发刊词《敬告青年》是新文化运动兴起的标志。1916年9月1日出版的第二卷第一期改名为《新青年》。《新青年》是中国最早介绍社会主义和共产主义思想的刊物，在中国文化史上具有里程碑意义。

*北京草根堂中医药博物馆

Beijing Caogentang Museum of Traditional Chinese medicine

历史文化类
Historical Culture

¥ 收费
Charge

北京草根堂中医药博物馆创建于 2021 年，位于北京市房山区石楼镇，总占地 3.4 亩。其中草根堂中医药博物馆展室面积 463.08 平方米，珍贵药材展示区面积 201.61 平方米，中医药展品储藏区面积 156.1 平方米，共计 820.79 平方米。

馆内精心挑选收藏中的 800 余件历史遗存在展区，内置清代坐诊药铺、中国历史十大名医、中医文献古籍展区、古代民间医疗器具、中国传统针灸史展区、红色革命医疗史、珍贵草药标本展区、实践活动和文创区等十个展区。

本馆珍藏的展品主要以中医药历史系列藏品为核心，汇聚了从清代至建国时期的丰富医牌医匾，同时，馆内还收藏了各个时期、各种材质的碾船、捣药缸、药臼、药瓶等制药工具，它们不仅见证了中医药制作的精湛技艺，更是传承了中华民族悠久的医药文化。

此外，馆内还藏有清代及民国时期的中医药类文献古籍，这些珍贵的古籍不仅记录了古代医学的智慧，更是为现代中医药研究提供了宝贵的参考资料。

除了以上藏品，馆内还收藏了药王像、虎撑、药铺天平、戥子秤、中医行医工具等实物，它们共同勾勒出了中医药行业的传统风貌。此外，馆内还展示了几十种珍贵中草药，其中不乏巨大稀少的蚁巢、蜂巢、角类等奇特的中草药。

北京市房山区石楼镇杨驸马庄村西区临5号

Lin No. 5, West Zone, Yangfumazhuang Village, Shilou Town, Fangshan District, Beijing

09:00-18:00

17:00停止入馆

每周一例行闭馆

13581793323

清代坐诊药铺

清代坐诊药铺，长 4.9 米，宽 2.8 米，整个药铺由清代木质隔断、诊台、药柜、多层药屉及全部古代诊疗器具药具组成。展陈物件力求原味还原，配有嘈杂人声抓药音效，参观者置身其中，犹如时光穿越，得到视觉感官享受，整体符合要求。

通州区博物馆

Museums in Tongzhou District

北京大运河博物馆

The Grand Canal Museum of Beijing

历史文化类
Historical Culture

免费
Free

　　北京大运河博物馆(首都博物馆东馆)是北京建设"博物馆之城"和大运河文化带的龙头工程,是推动京津冀协同发展和全国文化中心建设的标志性项目,位于北京城市副中心城市绿心森林公园西北部,集展览展示、社会教育、文保修复、收藏保管等功能于一体,2023年12月27日正式面向公众开放。

　　建筑由共享大厅、展陈大楼和休闲水街组成,总建筑面积约9.97万平方米,设计理念源于古运河图景中的船、帆、水三个元素,共享大厅屋顶造型像"船",展陈大楼屋顶造型像"帆",两座建筑间有一条长约270米、宽约20米的休闲水街。观众站在远处看博物馆,展陈大楼建筑高于共享大厅,5片船帆状的屋顶高低错落,曲线饱满,动感十足。

　　展览体系由基本陈列、专题展览、开放展示、临时展览四大类型构成,以北京城市总体规划为指导,紧密配合北京城市战略定位,围绕大运河与北京相辅相成的密切关系,以人、水、城为内容主线,从人文地理视角、生态文明高度展示北京城市发展历史、建设成就。

　　📍 北京市通州区绿心路1号院5号楼
　　　　Building 5, Courtyard 1, Lvxin Road, Tongzhou District, Beijing

　　🕙 10:00-20:00
　　　　19:00停止入馆
　　　　每周一例行闭馆

　　📞 010—63370491
　　　　010—63370492

　　🛒 城市绿心森林公园 (1公里内)
　　　　运河生态公园 (2公里内)

　　📄 北京艺术中心--音乐厅 (1公里内)

"子刚"款白玉龙凤纹卮

明(1368-1644 年)
北京市海淀区小西天黑舍里氏墓出土。器形及纹饰仿青铜器。盖面圆雕三只卧兽,杯身浅浮雕龙凤纹,鋬下部阳文篆字"子刚"款。陆子冈(刚)是明代嘉靖、万历年间的苏州琢玉大师。

北京市通州区博物馆

Tongzhou Museum in Beijing

历史文化类 Historical Culture

免费 Free

北京市通州区博物馆于 1992 年正式向社会开放，总占地面积 2000 余平方米，是一座保存完好的清代制式二进四合院，具有北京建筑的典型特色。馆址"万字会院"是通州区文物保护单位，清朝于此建三官庙，后因北京万国道德会在此活动院内建筑多雕刻"卍"字故而得名。

北京市通州区博物馆秉承着小馆做出大文章服务理念，将一座传统与现代、时空与文脉结合的综合博物馆呈现到参观者面前。固定展陈有"运河文化展"和"通州文明展"。"运河文化展"展示了通州出土及与运河有关的珍贵文物，如《运河源流图》、漕运底账、军粮经纪密符扇、镇馆之宝宝光寺铜钟等。

"通州文明展"主要介绍了通州自西汉置县2200 多年的历史沿革，表述了通州运河文化史起于秦汉，兴于元、明、清的古代辉煌，弘扬了通州人崇尚文明，辛勤耕耘的奋斗精神。展品按时间顺序陈列分为秦汉、隋唐、辽金元、明清和民国五个展厅。让公众感受通州的历史沧桑，体验京杭大运河绵延四千里的文明传承。

📍 北京市通州区西大街9号
No. 9 West Street, Tongzhou District, Beijing

🕐 **09:00-17:00**
16:30停止入馆
每周一例行闭馆

📞 010-69555161

🏞 北京(通州)大运河文化旅游景区(1公里内)
西海子公园(1公里内)

🛒 中仓商圈(1公里内)

军粮经纪密符扇

此扇为清高宗时期，户部官员为整治漕粮经纪在验收转运间作弊，创造一把军粮经纪密符扇，此扇上弧弦宽 52.5 厘米、下弧弦宽 22 厘米、纵长 17.5 厘米。两面各有 50 个符号形状，似书似绘。此扇似只制作一把，由坐粮厅官员或巡仓御史掌握。

北京百年世界老电话博物馆

Beijing Centennial World Old Telephone Museum

自然科技类
Natural Science

收费
Charge

北京百年世界老电话博物馆是 2006 年底经北京市文物局批准、2007 年初经北京市民政局注册成立的非国有博物馆，是中国到目前为止唯一一家全面收藏、研究、展示、介绍世界各国 100 多年来电话及相关通信技术及产品的专业博物馆。馆藏品 5 万多件，有 30 多个相关藏品门类，很多藏品为孤品，有很高的技术、人文、历史和艺术价值。博物馆成立十几年来为延安原军委三局陈列馆、青岛邮电博物馆等全国多个红色展馆、铁道和邮电方面的博物馆提供了大量的藏品。日常展览由四部分组成，分别是世界百年电话通讯经典藏品展览; 红色通讯展览; 电话、电报、无线电、移动通讯科普展; 以收藏品的类别为题材，配合各种节日及民俗活动开展的专题展览。北京百年世界老电话博物馆还收藏大量中国传统益智玩具和文献，现场有几百个益智玩具体验项目，目前是北京市民政局评定的 4A 级社会组织。

📍 北京市通州区宋庄镇疃里村集体产业就业会所物业3号楼一层108室，201室，301室，401室
Room 108 201 301 401, First Floor, No. 3 Building, Tuanli Village Collective Industry Employment Club Property, Songzhuang Town, Tongzhou District, Beijing

🕐 09:30-12:00
13:00-16:30
16:00停止入馆
每周一例行闭馆

📞 13801235169

⛰ 1988酷车小镇 (1公里内)
宋庄艺术市集 (2公里内)

🛒 向日葵广场 (1公里内)

📄 宋庄美术馆 (2公里内)
当代艺术馆 (2公里内)

中国生产的最早电话机

中国生产的最早电话机藏品是电话机收藏领域的孤品，是 1917 年由日本 OKI 和美国西电在上海合资生产的。特点: 一、拨号盘数字为中文; 二、由于当时拨号盘技术落后，号盘与后控装置同时转动。

北京韩美林艺术馆

Beijing Han Meilin Art Museum

艺术类 Art

免费 Free

　　韩美林先生，联合国教科文组织"和平艺术家"，是一位在绘画、书法、雕塑、设计、公共美术等领域孜孜不倦的开拓者，同时也是陶瓷、民间美术等为代表的中国传统文化传承与创新的代表人物。

　　2006 年，韩美林先生将 2000 件艺术作品捐赠给北京市通州区人民政府。为收藏、陈列、研究和交流，通州区政府在京杭大运河北端、通州梨园文化主题公园内兴建北京韩美林艺术馆。北京韩美林艺术馆是经市文物局批准设立的由政府全额拨款的事业单位，实行免费参观制度。2008 年 6 月 25 日，北京韩美林艺术馆正式落成，占地面积约 25000 平方米，建筑面积约 12000 平方米，共设 10 个展厅，包括北展区的序厅、陶瓷馆、专题馆、雕塑馆、书画馆、公教厅，以及南展区的设计馆、手稿馆、紫砂馆、城雕厅，展出作品 2600 余件，展厅面积之大、展品数量之多、涉及艺术门类之广，堪称当代个人艺术馆世界之最。

　　2013 年，北京韩美林艺术馆正式被国家旅游局评定为国家 AAAA 级旅游景区，是全国唯一被评为国家 AAAA 级旅游景区的个人艺术馆，更加巩固了韩美林艺术馆在全国文化艺术传播机构中的重要地位。

📍 北京市通州区梨园镇九棵树东路68号
No. 68 Jiukeshu East Road, Liyuan Town, Tongzhou District, Beijing

🕐 **09:00-17:00**
16:00停止入馆
每周一例行闭馆

📞 010—59751888

🏞 梨园主题公园（500米内）
环球影城（3公里内）

🛒 九棵树商圈（2公里内）

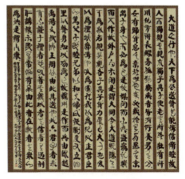

《礼记·礼运大同篇》

材质：纸本水墨
尺寸：924 厘米 ×47 厘米，14 条
年代：2008 年

北京文旺阁木作博物馆

Beijing Wenwangge Woodwork Museum

历史文化类
Historical Culture

¥ 收费
Charge

北京文旺阁木作博物馆位于通州区台湖镇东下营村南开发区 147 号，隶属于北京市文物局，是北京，乃至全国唯一一家以木作传统文化为主题的博物馆。以木作艺术品、木作文物为依托，研究、展示弘扬中国传统木作文化，让社会群众对木作文物认知和了解。内设馆长室、办公室、陈列室、宣教部、修复部、医务室、安保部等部门。

馆长王文旺经过 30 多年的不懈努力，将自己收藏的上万余件木质藏品，分门别类地整理出来，加以文字注释，让观众学习和认识古人的智慧。目前馆内有藏品 10 万余件，与之形成的 14 个大型的展览。

北京文旺阁木作博物馆先后被评为"全国科普教育基地""北京市科普基地""通州区科普基地""北京科学中心市级特色体验中心""科学教育馆协会"及"科技馆之城"成员单位，"北京市 AAAA 级社会组织""北京市文化旅游体验基地""北京市民终身学习示范基地""中华木作文化传承教育基地""文化创意人才培训实践基地"，"通州市民终身学习示范基地""民俗文化教育基地""通州区优质科普基地"等等，文旺阁木作博物馆积极发挥作用，常年接待企事业单位会议、团建、党建活动，整体受众数十万人。

📍 北京市通州区台湖镇东下营村南开发区147号

No. 147 South Development Zone, Dongxiaying Village, Taihu Town, Tongzhou District, Beijing

🕐 **09:00-17:00**
16:00停止入馆
每周一例行闭馆

📞 **010—61537326**

🏞 台湖公园 (2公里内)
环球影视城 (2公里内)

🛒 梨园商圈 (2公里内)

📄 台湖国家大剧院 (2公里内)

古代木工工具系列

木匠最早被称为"木工"，《礼记·曲礼下》记载："天子有六工，日：土工、木工、金工、石工、兽工、草工。"之后木匠又有"梓人""梓匠""匠人"等称呼。该藏品系列为木工使用的工具。

北京皇城御窑金砖博物馆

Beijing Imperial City Museum of Imperial Kiln Brick

历史文化类
Historical Culture

¥ 收费
Charge

北京皇城御窑金砖博物馆坐落在京杭大运河的北端——中国·北京城市副中心觅永路1号（首都觅子店人民公社旧址），由著名收藏家王忠华先生创办。馆内收藏了永乐至宣统时期极其珍贵的御窑金砖，为解读与探索明清两朝政治、经济与文化提供了极其宝贵的实物资料。御窑金砖被誉为"天下第一砖"，是中国窑砖烧制业中的一朵奇葩。皇帝可以用四年的时间肇建一座宫城，却要用两年的时间打磨一块金砖。《天工开物》中说："水火既济，其质千秋矣。"御窑金砖生命中释放着持续千秋的坚硬和恒固，是明清帝王江山永固，基业长存的象征。它含藏着明清王朝的荣辱与兴衰，一部金砖的烧造史便是一部明清王朝的兴衰史。它不仅体现了皇权的至高无上，更是人类智慧的结晶。博物馆目前设有工匠精神、大明帝国、大清帝国、明清残砖文化、600年音乐五个展馆，采用文物陈列、场景复原、科普展示、知识讲座、体验互动等多种形式将御窑金砖的生命历程完美演绎。博物馆通过行政管理中心、公共教育中心、藏品研究中心等内部服务中心以及完善的监控摄像等安防系统，为大家提供了一处集教育、欣赏与研究为一体安全、舒适的教育研学场所。

📍 北京市通州区潞县镇觅永路1号院
Courtyard 1, Miyong Road, Huoxian Town, Tongzhou District, Beijing

🕐 09:30-17:00
16:00停止入馆
每周一、二，除夕至正月十五例行闭馆

📞 010-89528888
13911292093

清代乾隆十九年成造二尺金砖

御窑金砖是中国传统窑砖烧制业中的珍品，象征着"江山永固，基业长存"。御窑金砖是我国故宫文化和京杭大运河文化的重要组成部分。北京皇城御窑金砖博物馆收藏了从明代永乐到清代宣统时期珍贵的御窑金砖。

北京市大戚收音机电影机博物馆

Beijing Daqi Radio and Cinema Museum

艺术类
Art

收费
Charge

通
州
区

Tongzhou District

　　北京大戚收音机电影机博物馆迄今为止是世界上最大最全的私人收音机电影机博物馆。它打破了很多的第一：规模第一、藏品数量第一、种类第一、藏品"年纪"最大。

　　馆藏藏品涵盖世界各国不同型号不同年代的收音机、电影机上万件。展厅面积 4000 平方米，设有电影机和收音机 2 个常设展厅，展厅内根据年代、国家、类别等分为多个区域，藏品融合了电影、电视、广播、通讯、摄影摄像等多个元素，不定期举办临时展览。在这里您不仅可以看到世界上最早的电影机、收音机。还可以聆听老式电子管收音机发出的声音，博物馆拥有 130 个座位的电影厅，可以看到老式电影机放映出的胶片电影，带您穿越回 20 世纪 70 年代电影院的感觉。

　　博物馆通过藏品诠释了中国和世界的收音机、电影机发展历史、传播收音机、电影机文化、服务传媒，延伸教育。从胶片到数字、从电子管到晶体管，电影机和收音机的历史变迁需要您自己来到北京大戚收音机电影机博物馆探索。

📍 北京市通州区宋庄镇小堡环岛东赛格斯大厦
Xiaobao Huandao East Saigus Building, Songzhuang Town, Tongzhou District, Beijing

🕐 09:00—12:00
13:00—17:00
16:30停止入馆
每周一例行闭馆

📞 010—89560128

🏛 1982农场（2公里内）
宋庄美术馆（2公里内）

📄 北京当代艺术馆（1公里内）

标准型四号电子管收音机

这台收音机是侵华战争期间由日本的满洲电信电话株式会社在东北三省生产的"标准型四号电子管收音机"，生产日期是 1937 年 7 月 7 日，这一天发生了"七·七卢沟桥事变"。从它的黄色的度盘上，我们可以清晰地看到我国东北三省的地图和日本国土地图，这台收音机也展露了日本侵华的野心，这款收音机是博物馆的镇馆之宝。

国家大剧院台湖舞美艺术博物馆

NCPA Taihu Stage Art Museum

国家大剧院台湖舞美艺术博物馆位于北京市通州区台湖西路6号，于2023年5月18日正式揭牌运营，是国内首家集设计、制作、研究、交流、收藏、展陈于一体的活态舞美主题博物馆，是国家大剧院在六大平台中综合艺术展示平台建设的又一创新实践。

该博物馆充分发挥台湖舞美艺术中心在表演艺术领域和舞台美术行业综合规模最大、功能最全的优势，创新打造了舞美艺术、制作工坊、创意空间、台湖剧场等展区，用真实的、流动的、发展的舞美生产线向公众展示一个生动的幕后世界。在这里，观众能够欣赏到大剧院院藏的舞美艺术精品、国际国内顶级舞美大师的作品，以及冬奥会主火炬台"大雪花"等国家大型活动的标志性舞美装置。可以参观舞美大师的工作室，体验道具制作工具，近距离观看舞台布景与戏服的精湛工艺与制作过程，甚至可以走入"景"中，成为剧中的人物。

通州区 Tongzhou District

📍 北京市通州区台湖西路6号台湖舞美艺术中心
Taihu Stage Art Museum, No. 6 Taihu West Road, Tongzhou District, Beijing

🕐 每周二、周五13:30-16:30（日常开放）
工作日10:00-17:00（面向10人以上的团体参观）
每周六、日例行闭馆

📞 010—57581686

🏞 古运萧太后河码头遗址公园（1公里内）

📖 国家大剧院-台湖剧场（500米内）
北京国际图书城（2公里内）

北京冬奥会和冬残奥会
开幕式主火炬

以"一朵雪花"为灵感设计的奥林匹克主火炬，是北京2022年冬奥会和冬残奥会开、闭幕式仪式表演的重要舞美装置，代表着我国舞美设计和制作的最高水准，具有极高的艺术价值和文物价值。

*声音艺术博物馆

Sound Art Museum

艺术类
Art

收费
Charge

声音艺术博物馆由北京宋庄艺术发展基金会举办,坐落在中国·宋庄艺术区,处在北京城市副中心的创新发展轴上。历经三年筹备建设,于2023年5月19日正式对外开放。

2023年3月29日,获得了由北京市文物局认证的北京市类博物馆资质,5月3日挂牌成为北京援疆民族团结进步实践中心,9月15日获得科技智之城首批科技教育体验基地称号,12月获得通州区科普基地称号,2024年1月与斯玛特教育集团达成深度战略合作成为斯玛特教育集团教研实践基地。

博物馆占地面积8200平方米,建筑面积6400平方米。"声音总站"为常设展区,以"老北京声活""自然声态""语音""音乐""声音是什么""声音与情感"六个主题为单元展。

声音艺术博物馆秉持"让我们生活中的一切与声音联系起来"的理念,以新的思维方式融合多类学科、艺术形式,建立以声音为核心的生态圈,保持博物馆的前沿性、学术性、文化性,建立它的社会潜能性和实践性。

📍 北京市通州区宋庄镇宋徐路与潞苑北大街交汇处东北角
The Northeast corner of the intersection of Songxu Road and Luyuan North Street in Songzhuang Town, Tongzhou District, Beijing.

🕙 **10:00-18:30**
18:00停止入馆
每周一例行闭馆

📞 010—89588995

⛰ 国防艺术区 (500米内)
向日葵园 (2公里内)

📄 北京当代艺术馆 (1公里内)

游商响器

老北京游商文化非常丰富,每一个行当有它自己的声音广告。大部分货声以吆喝叫卖为主,而且许多叫卖因为被人民艺术剧院的"叫卖组曲"和许多著名相声演员的模仿和演绎而受到广大群众的喜爱。可是有另一种货声是用"响器"声音工具做出来的,有的只用响器的声音做广告,有的需要结合叫卖。

*北京韵源天地琵琶博物馆

Beijing Yunyuan Tiandi Pipa Museum

艺术类
Art

免费
Free

北京韵源天地琵琶博物馆成立于 2021 年 5 月，位于北京市通州区台湖镇金福湿地公园内，博物馆坚持赓续传承、守正创新的理念，不遗余力地推动传统民族乐器的创造性转化与创新性发展。

馆长曹卫东，为非物质文化遗产项目传承人。

馆内收藏并陈列了多种不同样式的琵琶，藏品中包括唐代五弦琵琶（复制日本奈良正仓院唐五弦）、清代如意式象牙琵琶、小叶紫檀琵琶、葫芦琵琶等；同时收录了我厂曾作为国礼赠予友国的琵琶复制版和已获得发明专利的琵琶。

此外馆内还设有传统琵琶制作车间、传承厅、音乐厅等，集琵琶传统制作技艺（非遗项目）展示、琵琶艺术展演、音乐培训以及乐器研发设计等于一体。在肩负琵琶制作技艺传承的同时，也广泛开展研学及校外实践活动，让广大乐器喜爱者亲身感受国乐的博大精深。

📍 北京市通州区台湖镇金福湿地公园内

In Jinfu Wetland Park, Taihu town, Tongzhou District city, Beijing

🕘 09:00-17:00
17:00停止入馆
每周一例行闭馆

📞 17813101697

⛲ 金福湿地公园（500米内）
乐跑公园（2公里内）

🎭 台湖演艺车间（500米内）
外郎营大舞台（2公里内）

通州区 Tongzhou District

巨型五弦琵琶（复制品）

巨型五弦琵琶：此琴长达近 5 米，是现存最大的一把巨型五弦琵琶，此琴的原型是现收藏于日本奈良正仓院的唐代五弦琵琶，选用佛手式琴头，琴轸分列琴头两侧，左三右二，通身镶嵌螺钿，并嵌螺钿骑驼人抚弹琵琶图。

*溇县村村史博物馆

Huoxiancun History Museum

历史文化类
Historical Culture

免费
Free

溇县村，坐落于通州区东南的溇县镇，是一座承载着深厚历史底蕴的古村。据历史记载，早在汉代，这里便已是繁华的村落，历经县治、州治的变迁，最终演变成了如今的溇县村。

自 2013 年起，溇县村便开始了对村史资料的深入挖掘与整理，积极收集着各种历史物件。在这一过程中，区镇各级领导给予了极大的支持，社会各界人士也纷纷伸出援手，村民们慷慨地将珍藏多年的物品奉献出来。经过一年多的精心筹备，2014 年初，溇县村村史陈列馆揭牌成立，成了记录与传承溇县村历史的重要场所。2023 年 10 月溇县村村史陈列馆经过重新整备，升级为类博物馆。

如今，这座村史陈列馆坐落于溇县村村委会院内，总面积约为 500 平方米，其中室内展厅面积达到了 216 平方米。馆内藏有实物 200 余件，资料图片 100 余件，每一件都凝聚着溇县村的历史记忆与文化精髓。它们以独特的方式，全方位地展示了近代以来在党领导下的溇县村的历史变迁和发展面貌，让人们在欣赏与学习中，更加深刻地感受到这座古村的独特魅力与深厚底蕴。

📍 北京市通州区溇县镇溇县村委会院内

Huoxian Village, Huoxian Town, Tongzhou District, Beijing

🕐 **08:00-17:00**
16:30停止入馆
大年初一至初七闭馆

📞 010—80580114

分家单

藏品为光绪二十年（1894 年）的分家单，用小楷写成，从右至左，字迹工整，家中所有田宅家具器物由兄弟四人一并均分，后有中人五人及代笔人签字。

*北京祥体育博物馆

Beijing Xiang Sports Museum

2023年3月29日，北京市文物局、通州区文旅局、宋庄镇党委及镇政府领导为北京祥体育博物馆正式挂牌并对外开放。

博物馆位于北京通州宋庄艺术区中国艺术品交易中心一层，"是目前中国唯一的集中国古代体育、中国近代体育、新中国体育、各省市体育、各单项体育运动及世界体育、奥林匹克的文物、艺术品收藏、展览、研究和相关体验娱乐活动于一体的综合性体育博物馆"。

在北京打造博物馆之城的大背景下，在北京市文物局、通州区文旅局和宋庄镇党委、镇政府的大力支持下，北京祥体育博物馆应运而生。

北京祥博物馆之所以定名为"祥"，有两重含义，其一是因为在中国传统文化中，祥有瑞、庆、福、吉、美、安、好、和、顺、成等美好寓意。其二，本博物馆馆长是体育收藏家李祥先生。李祥先生爱好收藏40余年，现收藏有古今中外体育、奥林匹克藏品2万余件，博物馆展出2000余件。

北京祥体育博物馆只展示历史实物，不展示复制品。

通州区 Tongzhou District

📍 北京市通州区宋庄艺术区中国艺术品交易中心一层
First Floor, China Art Exchange Center, Songzhuang Art Zone, Tongzhou District, Beijing

🕐 **09:00-17:00**
16:30停止入馆

📞 13901202526

⛰ 中国艺术品交易中心 (500米内)
宋庄足球公园 (1公里内)

🛒 通州商圈 (2公里内)

📖 李可染画院宋庄院 (500米内)
宋庄艺创云阶文化产业园 (500米内)

1914年第一次全国联合运动会纪念章

1914年举办的民国首届"全国运动会"，在北京天坛举行。这次运动会具备了全国运动会的形式，推动了近代体育项目在中国的传播，对提倡现代体育运动，增强民众体质发挥了积极作用，为后来举办的"全国运动会"树立了典范。

*北京珐琅艺术博物馆

Beijing Enamel Art Museum

艺术类
Art

收费
Charge

珐琅,具有上千年历史的手工艺术;景泰蓝,从明代立足华夏的国之重器。

景泰蓝是珐琅工艺的一个重要分支,也是最具有中国文化特色的手工艺术之一。辛亥革命之前,这种艺术一直是秘而不宣的宫廷绝活,之后逐渐被宫廷老艺人带入民间,成为"燕京八绝"之一。

1969年,熊氏珐琅在北京通县创立。自此成为传承景泰蓝技艺的重要品牌,在近六十年的发展历程中,积累了不同历史时期、具有代表性的景泰蓝作品。器形大小不一,工艺繁简各异,反映出北京地区景泰蓝的工艺特色。

传承珐琅历史、发扬珐琅工艺和传播珐琅文化是博物馆的宗旨。

北京珐琅艺术博物馆创建于2015年,创办人熊松涛先生,为中国工艺美术大师,在继承家族两代人手艺的基础之上,研究并制作出代表世界水平的银胎珐琅艺术品亦是主要馆藏作品。博物馆展示了掐丝珐琅、微绘珐琅、雕刻珐琅、透明珐琅等作品,体现出珐琅文化的博大精深。

银胎掐丝珐琅福禄大吉瓶

福禄大吉瓶选用传统葫芦造型,取其谐音"福禄",纹饰分为上下两部分,上部以石榴为主图案,寓意多子多福,下部分以各种姿态相互缠绕的小葫芦和蝙蝠为主图案,寓意福寿。整件作品线条流畅,精心地刻画出石榴、葫芦、藤蔓等纹饰,珐琅釉色清新素雅。
此件作品壹号收藏于国家博物馆。

北京市 通州区 宋庄镇小堡艺术东区东轴斜街熊氏珐琅
Xiong's enamel,Dongzhouxie Street, Xiaopu Art East Block, Songzhuang Town, Tongzhou district, Beijing

🕐 **10:00-16:30**
16:00停止入馆
每周一例行闭馆

📞 13381010938
18210136974

🏠 1982农场 (1公里内)
非洲艺术小镇 (500米内)

📄 北京当代艺术馆 (1公里内)

顺义区博物馆

Museums in Shunyi District

北京焦庄户地道战遗址纪念馆

Beijing Jiaozhuanghu Tunnel War Site

北京焦庄户地道战遗址纪念馆是北京市以地道为主要参观内容的爱国主义教育基地，是顺义区唯一一家全国爱国主义教育示范基地、全国红色旅游景区、全国重点文物保护单位、国家级抗战纪念遗址、全国关心下一代党史国史教育基地，也是北京市廉政教育基地。

北京焦庄户地道战遗址纪念馆位于北京市顺义区龙湾屯镇焦庄户村。始建于 1964 年，前身是"焦庄户民兵革命斗争史陈列室"；1987 年正式对公众开放；纪念馆占地面积 4.8 万平方米，共分三个展区，即展馆参观区（每天六场免费讲解）、地道参观区（主要参观地道，现在提供游客参观的地道全长 830 米，其中包括 30 米长的原始地道）、抗战民居参观区（主要参观瞭望楼、老四区公所、支前小院、第二卫生处卫生所等，抗战民居参观区于 2013 年暂时关停）。

北京市顺义区龙湾屯镇焦庄户村纪念馆路38号

No. 38 Jinianguan Road, Jiaozhuanghu Village, Longwantun Town, Shunyi District, Beijing

09:00-16:30
16:00停止入馆
每周一例行闭馆

010—60461906

舞彩浅山（3公里内）

红色图书馆（500米内）

焦庄户地道遗址

焦庄户地道全长 11.5 公里，是"能走、能藏、能打、能防"的"战略型地道"地道网。在中国共产党的领导下，焦庄户人民巧妙利用地道与日本侵略者展开英勇斗争，用不屈的精神和超人的智慧，筑就了坚固的地下堡垒，为北京地区抗日根据地的巩固和发展做出了应有贡献。抗战胜利后，焦庄户军民维修和改造地道，并在解放战争中发挥了重要作用。

北京九鼎灶文化博物馆

Beijing Jiuding Stove Culture Museum

历史文化类
Historical Culture

（¥）收费
Charge

顺义区 Shunyi District

北京九鼎灶文化博物馆作为顺义地区民俗文化类博物馆，以征集收藏灶王历史文化实物、传承灶王优秀传统文化为使命，并将其作为新时代先进文化建设的价值追求与精神追求的组成部分。北京九鼎灶文化博物馆通过展示灶王爷木版年画、灶龛、木刻雕版等珍贵历史藏品、打造非遗传承研学课堂以及建设灶王文化学术交流平台等途径，致力于全面发掘和展示灶王文化的历史文化底蕴，宣传扩大灶王文化的交流和影响范围。本馆常设展览"灶火千年"为北京市首个灶王主题博物馆固定展览。展览以北京民间非遗"灶王爷"IP为核心，围绕"灶火"主题，生动地讲述了中国人与灶、与火、与饮食的历史故事，带领观众穿越于千万年之间的中国饮食变革历程，领略古代先民们产生于劳动活动之间的生活智慧，并打造丰富多彩的主题研学课堂，通过赋予观众视觉、味觉、听觉、触觉等多维度、多层次感受，为观众提供深度参与感，与博物馆共同组成中国灶文化历史展陈与非遗活动的构建主体。

📍 北京市顺义区林河南大街9号院24号楼
No. 24 Building, Courtyard 9, Linhe South Street, Shunyi District, Beijing

🕐 09:30-16:30
16:30停止入馆
每周一例行闭馆

📞 010—69477234

汉代龙首青铜灶（仿制品）

该藏品为汉代墓葬中级别较高的随葬品，由灶、烟筒、釜、甑分制组合而成。灶呈船头形正面为长方形灶门，灶面上附三釜，灶底下附人像形制足，后插烟筒。

北京市顺义区博物馆

Beijing Shunyi Museum

历史文化类 Historical Culture · 免费 Free

北京市顺义区博物馆是顺义区唯一一家区级博物馆，是以展示顺义人文、历史和发展为主，具有地域特色的综合性博物馆，位于顺义区石园街道，石园南大街顺义文化中心内。

该博物馆总建筑面积 7656 平方米，其中地上建筑面积 6029 平方米，地下建筑面积 1627 平方米。共分为四个楼层，地下一层设有大型多媒体沙盘及大型藏品库房；一层设有临展厅、精品厅、休闲区、文化教育实践活动室及顺意好礼展示厅；夹层为办公区域；二层为顺义历史文化一、二、三展厅；三层设有会客厅、小型藏品库房、多媒体功能厅、文物修复室及摄影室。

该博物馆陈列由常设展览、精品展览和临时展览三部分组成。展厅可布展总面积 2000 平方米，其中一层设临时展厅和精品厅，二层为常设展厅，常设展面积约 1000 平方米。馆内藏品丰富，囊括了从史前时期至近代以来的珍贵石器、青铜器、瓷器、陶器、玉器、拓片、金银器、杂器等历经 18 个朝代的出土文物，并且展示了新中国成立后顺义在农业、工业、文化教育等方面的发展，为大众展现顺义在各个历史时期的面貌与时代特点。

📍 北京市顺义区石园南大街10号
No. 10 Shiyuan South Street, Shunyi District, Beijing

🕐 周二至周五
09:00-17:30，17:00停止入馆
周六至周日
09:00-20:00，19:30 停止入馆
每周一例行闭馆

📞 010—81475286-1

🏞 仁和公园（500米内）
顺义公园（2公里内）

🛒 石园商圈（500米内）

📋 顺义大剧院（500米内）
顺义图书馆（500米内）

青铜支架耳杯

该藏品出土于顺义大韩庄村，是汉代的器物，杯底可以加热，杯内放酒，一般用作温酒用，耳杯两侧伴以龙头作为装饰，造型十分精美，也是身份的象征。

北京牛栏山二锅头酒文化博物馆

Beijing Niulanshan Erguotou Culture Museum

历史文化类 Historical Culture

免费 Free

北京牛栏山二锅头酒文化博物馆是集文化传播、旅游观光、行业交流、科教实践等功能于一身的综合文化平台。

博物馆主体建筑风格雄浑大气，展陈内容丰富，展示特色鲜明，服务设施齐备，是顺义区目前规模最大的企业文博展馆和重要的文化新地标。

博物馆建筑二层，重点展示中国各大白酒产区的地域风貌、工艺特色和代表品牌，充分体现出中国白酒各表其美、美美与共的大同思想。

博物馆建筑一层，在宏阔的中国酿酒文明视野下，追溯二锅头历史渊源，解读二锅头与京味文化的血脉关系。

博物馆立足牛栏山品牌文化定位，开展科普、研学、品鉴培训等活动，拓展线上直播、智慧体验等数字服务，探索文博、文旅、文创融合发展的新业态。

📍 **北京市顺义区牛栏山镇昌金路牛板路1号北京牛栏山二锅头文化苑**
Niulanshan Erguotou
Cultural Park, No. 1 Niuban Road,
Changjin Road,
Niulanshan Town, Shunyi
District,
Beijing

🕐 **08:30-17:00**
16:00停止入馆
每周一例行闭馆

📞 010-69410800

⛰ 怀柔城市森林公园 (2公里内)

📋 怀柔剧场 (1公里内)

青铜冰鉴

青铜冰鉴可用于冰酒，也是祭祀中的重要礼器。此件青铜冰鉴由一个方鉴和一件方尊缶组成，配套一把长柄青铜勺。使用时，尊缶内装酒，鉴、缶壁之间放置冰块，便可得到冰爽的美酒，堪称世界上最早的冰箱。

*苏士澍（北京）汉字艺术博物馆

Su Shishu（Beijing）Museum of Chinese Characters

艺术类 Art | 收费 Charge

苏士澍（北京）汉字艺术博物馆筹建规划于2020年，地址位于顺义区李桥镇永青村永青东路98号T3国际艺术园区A区C-1号楼，占地面积1304平方米，博物馆建筑面积820平方米，其中展厅展示面积712平方米，馆藏历代各类书法精品、经典碑拓、文房典藏等100余件，均为中国书法家协会名誉主席苏士澍先生历经多年收集、整理的经典作品（部分历代碑帖精品上由苏士澍先生进行了题跋）。所有展品以汉字发展的历史脉络进行串联和展陈，以汉字起源、发展、演变为切入点，回顾灿烂文明，展望文化传承。

苏士澍（北京）汉字艺术博物馆以"扎根传统文化热土，立足汉字文化传承；弘扬优秀传统文化，夯实民族文化自信"为主题宗旨，计划通过区域性资源合作，逐步形成公益性、普惠性、文化性和知识性于一体的独特运营模式，辐射顺义及北京，形成以汉字文化战略研究、传承传播、普及教育三大方向为主要内容的文化展览展示基地，打造以"汉字文化"为核心的特色博物馆。

📍 北京市顺义区李桥镇永青村永青东路98号T3国际艺术园区A区C-1号楼

C-1 Building, T3 International Art District , No.98 Yongqing East Road, Yongqing Village, Liqiao Town, Shunyi District, Beijing

🕐 **10:00-17:00**
16:30停止入馆
每周一例行闭馆

📞 18514756117

苏士澍《汉字颂》

汉字颂是由苏士澍先生书写的一幅书法作品，高120厘米，宽200厘米，纸质，正文为篆书，落款为行书，内容是对中国汉字的全面概括并进行歌颂的一首诗。该作品创作于2020年，书法与内容堪称"双璧"，是一件难得的精品。

*松当代艺术博物馆
Song Art Museum

艺术类
Art

¥ 收费
Charge

松当代艺术博物馆致力于学术立馆，聚焦"研究""传播"与"教育"，时刻关注中国当代艺术发展的新视角与前瞻性，力图建立中国民营博物馆现当代艺术的展示序列。博物馆目前拥有涉猎20世纪以来，中国当代艺术的丰富藏品，并通过深层次的研究，形成具有垂直性思考的展陈，增强美术馆的学术性和专业性建设。

作为一个有社会责任感的艺术空间，松当代艺术博物馆在持续关注中国当代艺术史的同时，以推动公共美育为己任，开放空间，持续稳定输出艺术教育活动和实验项目，公共文化服务角色不断加强彰显；依托博物馆独有的气质和社交属性，通过与品牌的合作增益新知，为元素跨界、场景实践创造独具魅力的文化价值，建构鲜活的新时代艺术形态。

"连接"是松当代艺术博物馆的使命，只有与人、物、场彼此连接，才能追求广泛且深入的共同愿景。在构建新时代文化特色属性的道路上，松当代艺术博物馆凭借大众、艺术、场域交融的全功能规划，也在不断迎来新的重启和蜕变。

鹿野骋《墨圃集 5》

2020 年，45 厘米 x45 厘米，纸本水墨，木框装裱。
花草信手写出，轻松又空灵，总有怪石倾斜而上，似墨色氤氲，实则无皴。零星碎小丛枝与一些不知名状的抽象结构被松散带过，草草而成，神完气足。花朵有花无蕊，花蕊被各种艺术家所能明确的精神指向替代：动物、钻石、庙宇及各种朝圣之所。厚重瑰丽的水色融合底层，也能惊喜地感受到似与元人的平淡萧散。鹿野骋在画面中一直坚持的重彩，意不在求古厚，而是时间的砥砺与生命的载重。

📍 北京市顺义区 天竺镇格拉斯路松美术馆
Song Art Museum,Grasse Road,Shunyi District,Beijing, China

🕐 **10:00-18:00**
17:30停止入馆
每周一例行闭馆

📞 8610-84165822-888

⛰ 顺义千亩花海 (2公里内)

昌平区博物馆

Museums in Changping District

中国航空博物馆

China Aviation Museum

自然科技类
Natural Science

免费
Free

中国航空博物馆，这座于 1986 年筹建、1989 年 11 月 11 日正式对外开放的殿堂，不仅是首批国家一级博物馆，更是国家 AAAA 级旅游景区，承载了深厚的爱国主义、科普教育和国防教育意义。它是北京市指定的红色旅游景区，也是社会大课堂的生动实践地。

馆区占地辽阔，达 72 万平方米，其中室内展陈面积约 4 万平方米。这里有两座大型室内展馆，洞库展厅和综合展馆，每一座都承载着丰富的历史与故事。室外的馆标区、英烈墙、英雄广场、利剑雕塑等人文景观，让人驻足沉思。

在中国航空博物馆中，珍贵的文物如星辰璀璨。目前，共收藏了 150 型 380 架飞机，各类文物达 3.2 万余件。其中，国家一级文物 106 件，每一件都闪耀着历史的光辉，述说着曾经的辉煌与荣耀。

中国航空博物馆，不仅是一座收藏文物的殿堂，更是一部生动的历史长卷，一个弘扬爱国主义精神、传承科普文化、强化国防意识的重要基地。

📍 北京市昌平区小汤山镇大汤山村
Datangshan Village, Xiaotangshan Town, Changping District, Beijing

🕐 **09:00-17:00**
16:00停止入馆
每周一例行闭馆

📞 010—61784882
010—66916919

⛰ 万德草莓庄园（1公里内）
然章花园（2公里内）

伊尔 -18

这架 B-232 号飞机是我国 1959 年从苏联引进的中程、单翼、四发涡桨式伊尔 -18 运输机，主要执行专机、航测和运输任务，被评为国家一级文物。

明十三陵博物馆

Ming Tombs Museum

考古遗址类
Archaeological Site

¥ 收费
Charge

明十三陵坐落在京北昌平区的天寿山脚下，是当今世界上保存最为完整、入葬皇帝最多的墓葬群。它建于 1409-1644 年，是明朝迁都北京后 13 位皇帝的陵墓所在地，共入葬 13 位皇帝、23 位皇后、1 位皇贵妃及数十名殉葬宫人。陵区内除帝陵外，还有 7 座妃嫔墓和 1 座太监墓，占地面积约 80 平方公里。十三陵陵区建筑规制高、气势恢宏、坐落有序、整体性突出，山川形胜壮丽、自然风貌保存较为完好。其历史遗存是研究明代皇家制度、祭祀礼仪、职官体制、建筑技术工艺乃至政治、经济、文化等方面的绝好实物资料。1956 年十三陵定陵被政府有计划地发掘，1959 年在定陵原址成立定陵博物馆。十三陵不仅是中国帝陵建筑的典型范例，也是中国悠久历史文明的见证。1961 年，十三陵被评为第一批全国重点文物保护单位；1995 年北京市文物局批准成立明十三陵博物馆；2003 年，明十三陵列入《世界遗产名录》。

金翼善冠

金翼善冠，国家一级文物。金冠通高 24 厘米，重 826 克。它全部用金丝编制而成，冠分前屋、后山、折角三个部分，每部分均用 0.2 毫米的金丝按木制模型，采用编织工艺中的"灯笼空儿"方法编织而成。目前金冠在我国仅此一项，堪称国宝。

📍 北京市昌平区十三陵镇定陵
Dingling, Shisanling Town, Changping District, Beijing

🕐 08:30-17:00
16:30停止入馆

📞 010—60761147

📄 明镜昭廉明代反贪尚廉历史文化园（1公里内）

昌平区博物馆

Changping Museum

历史文化类 Historical Culture

免费 Free

昌平区博物馆是全面反映昌平历史、文化、艺术和建设成就的综合性展馆,现有可移动文物藏品3875件(套),其藏品多来源于境内地下埋藏,经考古发掘后出土,早至新石器时期,晚至中华人民共和国成立后,每件藏品的背后,都有一段与其相关的历史背景,无不代表了昌平地区的文化风貌。

博物馆成立于1988年,现有1个石刻园和"古代昌平文物展""风情昌平民俗展"2个固定展厅,均免费对外开放。年参观群众3万余人次。博物馆是区级爱国主义教育基地、新时代文明实践基地、昌平区少先队校外实践教育基地和北京市铸牢中华民族共同体意识教育实践基地。

昌平区博物馆以保护历史文化遗产、弘扬中华民族传统文化为己任。全方位、多角度展示昌平独特文化魅力,再现历史文化光彩。

◎ 北京市昌平区城北街道府学路10号
No. 10 Fuxue Road, Chengbei Street, Changping District, Beijing

🕐 **09:00—17:00**
16:30停止入馆
每周一例行闭馆(节假日另行通知)

📞 010—69741095

⛰ 亢山广场(500米内)
昌平公园(2公里内)

📖 昌平区图书馆(500米内)
北京市昌平区文化馆(1公里内)

"畿辅重镇"石匾

石匾中"畿辅"的意思是京城周边的地方,"重镇"则是具有重要军事地位的城镇。这块石匾本是永安城南门上悬挂的一块匾额,永安城是昌平城的前身,在明朝时是一座集政治、军事于一体的重要城池,至今已经有500多年了。

老甲艺术馆

Lao Jia Art Museum

艺术类
Art

免费
Free

老甲艺术馆，于 1997 年 10 月 16 日正式开放。由画家老甲筹资兴建，艺术馆的宗旨是传播艺术的种子，创造艺术氛围，本着创作、展示、研究、交流普及为主旨进行活动，团结社会上的知名与不知名画家，美术爱好者共同为社会做些力所能及的事。

走进老甲艺术馆，一片宽阔的草地天然的怪石伴着鸟语花香先向人昭示了这是一片艺术的净土，馆外以及展厅前的大型浮雕更透着浓浓的大写意的味道。再往里走通过颇

有气势的石柱到达了宽敞明亮的展厅，直来直去的几条分割线，高高的墙壁，毫无装饰的痕迹，400 平方米的展厅与老甲的大写意作品相映成趣，有说不出的即现代又中国的感觉。就像德国美术评论家费蒂纳所说，老甲是一位深深根植于古典传统，把握了传统手法同时又十分现代的画家、一位知道如何表现力量与运动、对峙与静止、欢乐与痛苦、胁迫与震惊的画家，如今他又成功地将他的气势赋予了他的艺术馆。

📍 北京市昌平区霍营华龙苑中里口内
Inside Zhonglikou, Huoying Hualongyuan, Changping District, Beijing

🕘 **09:00-11:30**
13:30-17:00
16:30停止入馆
每周一、周二例行闭馆

📞 010—81702370

🏞 回龙观体育公园 (2公里内)
新都公园 (2公里内)

🛒 回天步行街 (500米内)

📋 回龙观剧场 (2公里内)
回龙观体育文化中心 (2公里内)

老甲《人之初》

关于《人之初》，老甲说："他是宇宙中诞生的小精灵……人从此开始，直到化为灰烬。人生的童年，就是一颗在荷叶上滚动着的晶莹水珠，纯洁而一尘不染。"

北京御生堂中医药博物馆

Beijing Yushengtang Traditional Chinese Medicine Museum

御生堂始创于明代万历三十六年（1608年），从明代到清朝末年全兴近 300 年。20 世纪中叶，北京御生堂中医药博物馆开始筹建，2003 年底完成博物馆的登记注册，为北京市较早成立的民营博物馆。此后御生堂博物馆致力中医药文化的传播和推广。博物馆展览有"古代中医药陈列展""古代招贴广告展""古代陶瓷玩具展""古代教育文化文物展""红色医药文物珍藏展"。"古代中医药展"包括：清代老药铺景观；历代中医中药用具；古代中草药标本；古代中草药包装广告；历代中医药书籍报刊；历代药王医圣造像；近代医方医案资料；明清医药老牌匾等。1995年在天津举办"御生堂老药铺中医药文化展"；2008 年在英国举办"御生堂中医药文化展"；2008 年北京奥运会期间邀请 100 多名中外运动员和记者到博物馆参观展览体验中医药文化。从 2016 年起承接了国家"一带一路国家中医药培训"项目，每年接待众多中医药进校园、国际参观活动。御生堂博物馆旨在弘扬中国传统文化，为中国文化研究者和中医药专业人士提供欣赏和借鉴场所。2009 年，被认定为全国中医药文化宣传教育基地和北京市科普教育基地，被授予中国社会组织 5A 级单位称号。

📍 北京市昌平区北七家镇王府公寓2-35号
No. 2-35 Wangfu Apartment, Beiqijia Town, Changping District, Beijing

🕐 **09:00-16:00**
16:00停止入馆
每周一例行闭馆

📞 13811289625

⛰ 奇石园（500米内）
西沙各庄郊野公园（2公里内）

🛒 北七家商圈（2公里内）

神农石刻像

这尊元代的神农石雕像，头上有角，身披树叶，手持灵芝，而且是品尝灵芝的状态，与古书记载完全相符。神农是上古部落首领，炎黄子孙供奉的"炎帝"，发明了农业，发现了茶叶，教民烹煮熟食，尝百草教民食用能治病的药物，被中医馆、中药行奉为神灵和守护神，被世人尊称"药王"。

居庸关长城博物馆

Juyongguan Great Wall Museum

考古遗址类
Archaeological Site

¥ 收费
Charge

居庸关长城博物馆位于北京市昌平区内,距市区约46千米,属太行余脉军都山地,地形极为险要。其始建于战国时代,是京北长城沿线上的著名古关城,是国务院公布的全国重点文物保护单位,也是世界文化遗产——长城的重要组成部分。

居庸关长城设置在长约20千米的关沟峡谷之中,现存的关城建于明洪武元年(1368年),由南北两座城门扼谷中道路,城垣东达翠屏山脊,西驶金柜山巅,与两座城门连接形成圆周封闭状军事要塞。明景泰初年(1450—1454年)及其后屡经缮治。城垣周长4000余米,南北月城及城楼、敌楼等配套设施齐备。关城内外还有衙署、庙宇、儒学等各种相关建筑设施。在明代是昌镇居庸路的指挥中心。

居庸关自然环境也十分优美。金明昌年间(1190—1196年)"居庸叠翠"之名即已列入"燕山八景"。1992年,十三陵特区办事处对关城建筑进行全面修复。1998年3月正式对外开放。2004年被北京市文物局批准成立居庸关长城博物馆。

📍 **北京市昌平区南口镇居庸关村居庸关景区4号车场入口右侧**
On the right side of the entrance of No. 4 parking lot in Juyongguan Scenic Area, Juyongguan Village, Nankou Town, Changping District, Beijing

🕐 **08:30-17:00**
16:30停止入馆

📞 010—69771665

⛰ 居庸关长城(500米内)
12号烽火台(1公里内)

竹节炮

竹节炮长173厘米,内口径14厘米,外口径25厘米,现摆放于居庸关南券城内。

北京劲飞京作红木文化博物馆

Beijing Jinfei Jingzuo Redwood Culture Museum

中国古典家具是中国文化的重要组成部分，历史悠久，源远流长，"雏于商周，丰满于两宋，辉煌于明清"，以其古朴典雅、淳朴端庄的艺术造型，静穆雅致、和谐温婉的文化内涵为世人推崇。明清时期，中国古典家具发展达到顶峰，京城造办处的"京作"红木家具更是登峰造极，其制作工序、技艺、造型设计、图纹样式中展现出中国传统硬木家具的风貌和气韵，具有重要的历史文化价值；榫卯科学合理，雕刻精致隽永，品位高雅华贵，具有独特的艺术价值。

北京劲飞京作红木文化博物馆在搜寻收集老家具的基础上，通过修复、高仿一些古典家具，将其代表的历史文化重新展现在世人面前。京作红木家具的研究、收藏、展览场所屈指可数，在北京也是少之又少。北京劲飞京作红木文化博物馆位于回龙观文化生活社区以北，周边有诸多小学、中学、大学及文化机构，为回龙观社区居民带来一个文化休闲的好去处。

北京劲飞京作红木文化博物馆总建筑面积 6000 多平方米，800 多平方米的独立停车场。博物馆宫廷建筑风格，小桥流水，亭阁楼台，营造了浓郁的宫廷氛围。馆内收藏 17 件/套明清古典家具，300 多件紫檀、黄花梨、红酸枝等高仿明清或现代创新精品红木家具以及 20 多件木雕工艺品，总计藏品 400 多件/套。

北京市昌平区沙河镇七里渠南村319号
No. 319 Qiliqu South Village, Shahe Town, Changping District, Beijing

08:00-18:00
18:00停止入馆

010—80715097

回龙观商圈（1公里内）

黄花梨仿明式素面独板顶箱柜

黄花梨顶箱柜是明代家具中最为经典、价值最高的家具之一。不需要太多的雕工和装饰，顶箱柜的简约，正好搭配黄花梨那绚丽多姿的木纹和光辉，将黄花梨明式家具的美展现得淋漓尽致，此柜最大的亮点是：通体选用名贵黄花梨木材，一木一器，面板为独板纹理均匀对称。

*宏音斋笙文化博物馆
Hongyinzhai Sheng Culture Museum

艺术类
Art

免费
Free

　　宏音斋笙文化博物馆位于北京市昌平区南环东路38号13-14，是中国第一家也是唯一一家以笙文化为主题的专题性博物馆。由宏音斋第四代国家级非物质文化遗产代表性传承人吴景馨女士创办，涵盖了从先秦至现代、汉族到少数民族地区的所有类型的笙及笙文化相关文物，博物馆展区由国笙耀中华、宫廷正乐、敦煌遗音、雅士诗画、传世名笙、释道之音、笙声流传、匠心匠器、竹木制笙、笙簧新语、芦笙阵阵、笙簧流变等12部分组成。

展品共计317件(套)，系统丰富地向观众展示几千年的笙与笙文化在华夏大地的流传演变。

📍 **北京市 昌平区 南环东路38号 13-14**
13-14, No. 38 South Ring East Road, Changping District, Beijing

🕐 **10:00-16:00**
15:30停止入馆
每周一例行闭馆

📞 15210623193

🏞 昌平公园 (1公里内)
永安公园 (2公里内)

📄 中国石油大学地球科学博物馆 (1公里内)

复制复原民国精铜雕花笙
制作者：吴文明、吴仲孚
制作年代：1945—1948 年

大兴区博物馆

Museums in Daxing District

中国印刷博物馆

China Printing Museum

自然科技类
Natural Science

免费
Free

中国印刷博物馆是中央部委直属的国家级博物馆，是传承弘扬优秀传统文化、革命文化、社会主义先进文化，普及中国古代"四大发明"印刷术所承载的印刷文化及科技知识的公共文化服务机构，现为全国爱国主义教育示范基地、全国科普教育基地、国家一级博物馆、3A级景区。

中国印刷博物馆于1996年6月1日建成开馆，是世界上规模最大的印刷专业博物馆，全面展示印刷术的起源、发明和发展过程，展现了印刷文化对人类文明进步所发挥的巨大推动作用。博物馆建筑面积7800平方米，展陈面积5500平方米，现有藏品35万余件，设有3个基本陈列展厅、1个数字展厅、1个临展厅和3个互动体验区。

在博物馆里，观众们可以看到精致的古代雕版、复原的毕昇泥活字和王祯转轮排字盘，可以看到传世千年的宋刻本《春秋经传》等古籍善本、精美的彩色套印年画，感受中华民族伟大创造创新精神和传统文化的深厚底蕴；可以看到镶嵌有"国难后修整"铭牌的手扳架印刷机、八路军使用过的"马背上的印刷机"，接受爱国主义教育；还可以看到汉字激光照排系统、最美书籍、3D打印技术，感受社会主义先进文化的蓬勃发展。

北京市大兴区兴华北路25号
No. 25 Xinghua North Road,
Daxing District, Beijing

09:00-17:00
16:30停止入馆
每周一例行闭馆

010-60261243

黄村公园（500米内）
康庄公园（2公里内）

北京大兴剧院（2公里内）
大兴区文化馆（2公里内）

《春秋经传》刻本

本书为儒家经典著作，是南宋时期杭州刻本，白文无注，字大如钱，开版弘朗，刀法严谨，黄麻纸刷印，纸墨上乘。本馆所藏的这本书是记录鲁宣公和鲁成公时期的国事。每页版心下方都刻有刻工的姓，上方刻有每页所刻字数。

北京南海子麋鹿苑博物馆

Beijing Nan Haizi Milu Museum

北京南海子麋鹿苑博物馆，又名北京麋鹿生态实验中心、北京生物多样性保护研究中心，简称麋鹿苑，坐落于北京市大兴区境内，隶属于北京市科学技术研究院。这里不仅是一处汇聚科学研究与科普教育的圣地，更是一座展现自然生态之美的综合型户外生态博物馆。

自 1985 年建立以来，麋鹿苑一直承载着守护与探索的使命。它占地约 55 万平方米，广袤的土地上，蕴藏着自然的奥秘与科学的智慧。馆内现有藏品万余件，每一件都承载着深厚的历史与科学价值。而这里的 18 名高级职称专业人员，以及 21 位博士硕士，为这片土地注入了无尽的活力与创造力。

麋鹿苑的主要任务，是守护国家一级重点保护野生动物——麋鹿，并深入研究湿地生态与生物多样性。同时，它还肩负着开展生态环境及自然科学普及工作的重任，让更多的人了解自然、热爱自然、保护自然。因此，它被誉为国家二级博物馆、全国科普教育基地，是国家 3A 级旅游景区。

每年，麋鹿苑吸引着约 50 万人次的国内外游客前来参观。在这里，人们不仅可以领略到大自然的壮美风光，更可以深入了解到关于麋鹿、湿地生态以及生物多样性的科学知识。这里，是人与自然和谐共生的美好见证，也是科学普及与自然保护相结合的典范。

📍 北京市大兴区麋鹿苑
Milu Park, Daxing District, Beijing

🕐 **09:00-16:00**
16:00停止入苑
科普楼：09:00-15:00
15:00停止入内
每周一例行闭馆

📞 010-69280675

⛰ 南海子公园（500米内）

麋鹿

麋鹿，自古分布于中国黄河、长江中下游的温暖湿润地带，是中国特有物种，国家一级重点保护野生动物。麋鹿保护取得成功，是我国高度重视野生动物保护的典型案例，展示着世界野生动物保护的中国样板作用。

北京西瓜博物馆
Beijing Watermelon Museum

北京西瓜博物馆建馆于 2004 年，坐落在西瓜之乡庞各庄镇，是绿海田园中极具时代特征和鲜明主题的标志性建筑物。博物馆的外形设计别出心裁，仿佛一个飞翔的西瓜，让人一眼便能领略其独特魅力。中央序厅的圆顶气势磅礴，宛如一颗巨型西瓜，彰显着博物馆的主题特色。而两侧主题厅的顶层，则形似西瓜叶片，犹如一对振翅欲飞的翅膀，为整个建筑增添了一份动态的美感。整座博物馆建筑风格时尚大方，典雅庄重而不失活力。

北京西瓜博物馆不仅是一座展示西瓜文化的殿堂，更是一处集科普教育、爱国主义教育以及中小学生社会实践于一体的综合性场所。西瓜博物馆经过 10 余年的发展，目前是北京市科普教育基地、北京市爱国主义教育基地以及北京市中小学生社会大课堂资源单位。

博物馆展厅展出主要以西瓜的起源、西瓜在中国的传播、西瓜的品种以及西瓜价值、西瓜的艺术等板块，展示图片近 900 幅，蜡质西瓜模型 140 多个，琥珀种子 200 余种，雕塑模型 7 组，各类图表 18 幅，书法艺术作品 36 件。构成了具科学性、专业性、知识性、文化性趣味性较强的陈列特征。

📍 **北京市大兴区庞各庄镇幸福路1号**
(庞各庄镇政府院内)
No. 1 Xingfu Road, Panggezhuang Town, Daxing District, Beijing (within the government courtyard of Panggezhuang Town)

🕐 **09:00-16:30**
16:00停止入馆
法定节假日例行闭馆

📞 010-89281181

北京中药炮制技术博物馆

Beijing Museum of Traditional Chinese Medicine Processing Technology

历史文化类 Historical Culture

免费 Free

　　北京中药炮制技术博物馆是国家第二批中药炮制技术传承基地的建设成果之一，是国际国内第一家专注于京帮炮制技术的展示馆，又称"京帮炮制博物馆"。博物馆建立面积1100平方米，围绕"历史追溯"、"技术传承"、"京帮集萃"和"国药图鉴"的四个主题生动地展示了京药宫廷御用、修事精益、安全有效的深厚底蕴，传承和发扬了北京地区传统中药炮制技术。

　　本馆于2018年11月8日正式开馆，2019年4月获批"北京中医药文化旅游示范基地"，12月获评"大兴区爱国主义教育基地"，2020年7月完成北京市文物局备案，正式列为国有博物馆。2021年4月获评"北京市爱国主义教育基地"。2022年10月获评"大兴区科普基地"，2023年1月获批"大兴区社会大课堂资源单位"。

📍 北京市大兴区生物医药基地永旺路25号
No. 25 Yongwang Road, Biopharmaceutical Base, Daxing District, Beijing

🕐 **09:00-11:30**
13:30-16:00
15:30停止入馆
每周末及法定节假日例行闭馆

📞 **010-89259162**
13811871089 李老师

🏞 永兴河湿地公园（1公里内）

📄 天宫院、酷剧场（2公里内）
奇迹声音博物馆（2公里内）

**第三次全国中药资源
普查腊叶标本**

　　腊叶标本让植物跨越了时空，标本上一张张早已泛黄的标签，诉说着一代代植物学家对一个物种的研究过程。触摸一张古老的标本，也许就能跨越时空，感受到老一辈植物学家指尖的温暖。

大兴区 Daxing District

北京市大兴区月季博物馆

Daxing District Rose Museum of Beijing

其他类
Themed Museum

免费
Free

　　北京市大兴区月季博物馆是世界首座以月季为主题的专业性博物馆，全方位诠释和展示月季相关知识、人物、场景等内容，在北京、在中国，乃至世界都具有特殊意义。她是一个讲故事的博物馆，六百余件具有历史意义的藏品，配以声情并茂的文字，讲述着月季在历史长河中的沉浮更迭，以及人民对月季物种保护和丰富品种做出的巨大贡献。她是一个富有趣味的科技馆，多个互动体验项目，可视、可听、可互动、可参与的体验方式，生动演绎着科技与历史、科技与文化、科技与生活的无穷魅力。

马蹄尊

> 📍 北京市大兴区魏善庄镇魏北路28号
> No. 28 Weibei Road, Weishan-zhuang Town, Daxing District, Beijing

> 🕐 **08:00-16:00**
> **仅法定节假日开放**，其他开放时间以公告时间为准

> 📞 010-89250201

> ⛰ 魏善庄城市森林公园（2公里内）

该藏品是康熙年间烧制的瓷器。康熙经常御驾亲征，百姓知道康熙皇帝非常喜欢月季花，便在康熙胜利归来的必经之地德胜门外的郊野种满月季花。以致康熙骑马归来，踏过月季花瓣的马蹄上的香味，引来蜜蜂和蝴蝶的追逐和随之的翩翩起舞，可谓是"踏花归来马蹄香"！因此，为了表示亲民，康熙便特令官窑制作了这活灵活现的马蹄尊。

*北京南路烧酒文化博物馆

Beijing nan-lu Shaojiu culture Museum

历史文化类
Historical Culture

免费
Free

北京南路烧酒文化博物馆，承载着大兴南路烧酒的辉煌历史，其源头可追溯至1688年，传统烧锅酿酒的精湛技艺，历经岁月的洗礼，仍旧熠熠生辉。博物馆是皇城四十里内那口始终被世人传颂的古烧锅的守护者，传承着古老而深厚的酒文化。

2017年，北京南路烧酒文化博物馆应运而生，占地约4000平方米，气势恢宏，设计精巧。馆内分为多个区域，既有深入的文化传播区，展现烧酒文化的博大精深；又有实际的酿酒过程参观区，让游客亲身感受酿酒的每一道工艺；更有品酒体验区，让游客在品尝美酒的同时，深刻领略中国传统酒文化的独特魅力。

博物馆通过工业旅游的方式，让游客近距离感受大兴南路烧白酒酿制技艺的魅力；通过古法酿酒技艺体验，让游客亲手操作，体验酿酒的乐趣；通过农业观光，让游客了解酿酒原料的生长环境，感受大自然的恩赐；通过文化交流培训，让更多人了解、学习、传承中国传统酒文化。博物馆通过大兴南路烧酒酿制的技艺与社会公众亲密接触，让人们在品酒的同时，更加了解、热爱中国的传统酒文化。

📍 **北京市大兴区黄村镇桂村富贵路三号北京南路烧酒文化博物馆**
No.3 Fugui road ,Guicun Village Huangcun Toen Daxing District Beijing

🕐 **08:00-16:30**
16:00停止入馆
正月初一至初七闭馆

📞 **18614021713**

🛒 **黄村桥市场早市(2公里内)**

📋 **东云羽毛球馆(1公里内)**

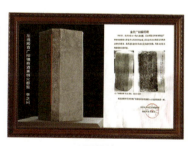

八面经幢

八面经幢刻有"右班殿直广阳镇商酒兼烟火督监李之问"字迹，是金明昌五年（1194年）商酒兼烟火督监李之问为其母所建，是大兴酿酒历史始于金代的有力佐证，是有据可考南路烧起源的佐证之一，也是北京地区唯一一件有关酒历史记载的实物。原件1982年出土于大兴安定。馆内展示的八面经幢的为1:1的复制品。

*北京市永丰二锅头酒博物馆

Beijing Yongfeng Erguotou Museum

历史文化类
Historical Culture

免费
Free

北京永丰二锅头酒博物馆位于104国道西侧，瀛海镇工业园区兴海路2号，北京二锅头酒业股份有限公司院内。

博物馆传承了北京南路烧裕兴烧锅的酿造技艺，作为具有红色基因溢泉涌烧锅的传承者，是大兴区第一家国有工业企业，也是首个以北京酒文化的发展和红色文化教育为一体的文化服务平台。

展馆为非文物建筑，2022年11月19日正式落成，共九个展厅，展厅总面积3000平方米，是集博物、科普、收藏为一体的综合场馆，用现代科学设施展现北京二锅头酒的起源。展品2000余件，1985年酒界泰斗秦含章来厂所留笔墨诗、北京名酒醉流霞老酒都展示在内，以及各种不同年代，不同风格的二锅头酒、各种酒器、雕塑、历史文献档案。通过讲解员讲解和各种高科技表现手法的演绎，使游客了解到每一瓶酒都蕴含着许许多多的历史、故事、风土人情和文化，体会到北京二锅头酒文化的博大精深。

📍 北京市大兴区瀛海镇兴海路2号,北京二锅头酒业股份有限公司院内

No. 2 Xinghai Road, Yinghai Town, Daxing District, Beijing, within the premises of Beijing Erguotou Liquor Industry Co., Ltd

🕐 **09:00-12:00**
14:00-17:00
16:30停止入馆
每周日、周一例行闭馆

📞 13701257633

🏛 南海子公园（2公里内）

酒海

酒海——裕兴烧锅时期遗存物，储酒容器，容量约为五吨，通体采用纯天然材质制作，外部用藤条，内部用桑皮纸、植物胶液、猪血混合糊制而成，是现在酒厂保存最完整的一个。

怀柔区博物馆

Museums in Huairou Distric

北京老爷车博物馆
Beijing Classic Cars Museum

历史文化类
Historical Culture

¥ 收费
Charge

北京老爷车博物馆展厅面积 6000 多平方米，展出老爷车一百余辆，多角度、全方位地展示了中国汽车工业最早期品牌，见证了新中国由弱变强发展壮大的历程和综合国力的提升，亲眼看见老一辈革命家座驾，领略伟人关心、生产国产车的风采，是青少年了解老一辈革命家艰苦奋斗历程的最好课堂，2011年被团中央、北京市团委、北京市青年联合会评选为：北京青少年外事交流基地；2012年被北京市人民政府命为爱国主义教育基地，北京市教委社会大课堂资源单位。馆内具备国内一流的馆藏品：新中国成立初期汽车工业代表作有：北汽生产的"东方红"牌轿车、第一代210军用越野车；上汽生产的"上海"牌检阅车、第一代上海"凤凰"牌轿车、上海58——I等上海汽车系列；一汽生产的"红旗"牌检阅车、第一代"红旗"牌轿车、红旗轿车系列。

◎ 北京市怀柔区杨宋镇凤翔一园19号
No. 19 Fengxiang Yiyuan,
Yangsong Town, Huairou District,
Beijing

◷ 4月1日-10月31日
08:30-17:00
16:30停止入馆
11月1日-3月31日
08:30-16:30
16:00停止入馆
除夕、初一闭馆

☏ 010-69280675

⌂ 中国电影数字制作基地 (1公里内)
怀柔滨河森林公园 (2公里内)

🛒 怀柔区杨宋镇 (1公里内)
杨宋镇综合文化中心 (2公里内)

东风金龙：民族品牌第一辆轿车

1958 年 5 月，长春第一汽车制造厂成功研制出民族品牌首辆轿车——东风金龙。该车设计独特，前标为金龙标识，侧标采用毛主席手写体"中国第一汽车制造厂"字样，尾灯为传统宫灯造型，彰显浓郁民族特色。5 月 21 日，此车送至中南海供毛主席试乘。

北京市怀柔区博物馆
Beijing Huairou Museum

综合地志类 Chorography　免费 Free

　　北京市怀柔区博物馆是全额拨款事业单位，自 2009 年 3 月 18 日开馆至今一直实行免费开放。现博物馆位于府前街 9 号院 12 号楼，建筑面积 1938.72 平方米，展陈面积 1500 平方米。博物馆一层为临时展厅，举办各种主题展览。二层是怀柔历史展（常设展）。按照历史脉络，展出自远古时期至现代怀柔出土的近 200 件珍贵文物，采用文物展现历史的方式，突出不同时代怀柔地区，中原文化与游牧文化相互交融、和谐发展的特点。三层是非物质文化遗产展厅（常设展）。重点介绍了我区 48 项区级以上非物质文化遗产项目名录(国家级 3 项，市级 9 项，区级 36 项)。

📍 **北京市怀柔区府前街9号院12号楼**
Building 12, Courtyard 9, Fuqian Street, Huairou District, Beijing

🕐 **09:00-17:00**
16:00停止入馆
每周一例行闭馆

📞 **010-69695645**
010-69695699转811或转801

🛒 **怀柔商业街 (500米内)**

📖 **怀柔区文化馆 (1公里内)**
怀柔图书馆 (2公里内)

金代仙人图铜镜

　　金代仙人图铜镜是目前北京地区出土的最大的一枚铜镜，于 1981 年在庙城镇庙城村出土。此镜圆形，直径 29.4 厘米，重 4.3 千克，黄铜质，形体厚重，平直素宽缘，半圆形镜纽。这面金代仙人故事纹铜镜，镜面纹饰以高浮雕的方式刻画了 11 位女性，从女性的装束不同可以看出明显的等级区分，有头戴凤冠的后宫贵妇形象，还有自天宫骑鹤而下的仙女，又或是普通的宫廷侍女形象，寓意着天上人间的美好愿望。

北京市怀柔区喇叭沟门满族民俗博物馆

Labagoumen Manchu Folk Customs Museum, Huairou District, Beijing

北京市怀柔区喇叭沟门满族民俗博物馆，位于北京市怀柔区喇叭沟门满族乡喇叭沟门村北的翠绿群山之中。这座博物馆兴建始于 2003 年 6 月，历经数年的精心雕琢，于 2008 年扩建了满乡书画艺苑，并于同年 10 月以崭新的面貌迎接四方宾客。

该博物馆依山而建，占地面积达 2000 平方米，建筑面积亦有 1600 平方米。它沿袭了清代王爷府的建筑风格，青砖青瓦在苍松翠柏的掩映下熠熠生辉，傲然矗立，尽显威严庄重的王府风范。

博物馆内设有八个展馆，每个展馆都独具特色，主题鲜明。满族文化起源馆带您探寻满族的起源与发展；满族民俗文化馆则展示了满族丰富多彩的民俗风情；满族文物展馆珍藏了众多珍贵的满族文物，让您领略满族文化的深厚底蕴；满族名人作品展汇聚了满族杰出人士的作品，彰显满族人民的才华与智慧；喇叭沟门乡发展历程馆记录了喇叭沟门满族乡的历史变迁与发展轨迹；满族非物质文化遗产体验馆则让您亲身感受满族非物质文化遗产的独特魅力；书画展馆则展示了满乡书画艺术的精湛技艺。

北京市怀柔区喇叭沟门满族民俗博物馆，不仅是了解满族文化的窗口，更是传承和弘扬满族文化的重要阵地。

> 📍 北京市怀柔区喇叭沟门满族乡喇叭沟门村2号
> No. 2 Labagoumen Village, Labagoumen Manchu Township, Huairou District, Beijing
>
> 🕐 08:30-16:30
> 16:30停止入馆
>
> 📞 010-60623103
>
> ⛰ 高寒植物园（2公里内）

北京二锅头酒博物馆
Beijing Erguotou Liquor Museum

北京二锅头酒传统酿造技艺是国家级非物质文化遗产,有独特的历史价值,是北京酿酒技艺的代表,更是北京酒文化的重要载体,拥有明显的地域文化特征。

北京二锅头酒博物馆坐落于"国际会都"怀柔,由北京红星股份有限公司建设,是北京首家以展示国家级非物质文化遗产北京二锅头酒传统酿造技艺为主题的博物馆,集观赏、体验、传承于一体,为国家AAA级旅游景区、国家工业旅游示范基地、北京市非物质文化遗产生产性保护示范基地、北京市科普基地、北京市文化旅游体验基地、怀柔区中小学生社会大课堂资源单位、怀柔区爱国主义教育示范基地等。

馆内展示内容丰富,包括北京二锅头技艺的诞生、北京二锅头技艺的传承、北京二锅头品类的始创与传播、北京二锅头酒的创新与发展、高景炎大师传习所、珍藏酒窖、老北京风情体验以及美酒品鉴几大部分。让您在这里了解独具魅力的北京二锅头酒传统酿造技艺。

怀柔区 Huairou District

📍 北京市怀柔区红星路1号;北京市东城区前门大街99号
No. 1 Hongxing Road, Huairou District, Beijing; No. 99 Qianmen Street, Dongcheng District, Beijing

🕐 08:30-16:30
16:00停止入馆

📞 010-51202902
010-51202903

🏞 怀柔城市森林公园 (2公里内)

《中国名酒分析报告》手稿

1952年秋初,中国专卖事业公司举办第二届全国酒类管理会议,会议中对全国103款酒样进行分析鉴定、质量评比,北京东郊酿造厂研究、承接了该工作,并起草《中国名酒分析报告》报上级通过后发布。该报告共评选出了8种中国名酒。

*北京果脯博物馆

Beijing Preserved Fruits Museum

"北京市果脯厂"题名

北京果脯博物馆是以北京红螺食品有限公司所承载的"北京果脯传统制作技艺"国家级非物质文化遗产及老字号商业文化为依托，全面展示了果脯发展的几千年历史和文化，符合北京文化中心城市建设要求，填补了国内没有果脯博物馆的空白，彰显了果文化当中的果脯文化。北京果脯博物馆不仅具有文物展陈、展示功能，还让大家在实践体验过程中了解非遗、感受传统文化，为中小学生、社会人士提供更多的特色服务，成为传承和弘扬中华民族优秀传统文化的窗口，京城和怀柔文旅结合的新亮点，工业文化休闲旅游的新景点。2020年，北京果脯博物馆被授予怀柔区级中小学生社会大课堂资源单位。

📍 北京市怀柔区庙城镇郑重庄村631号
631 Zhengzhongzhuang Village, Miaocheng Town, Huairou District, Beijing

🕐 工作日
08:00-16:00
每周六、日闭馆

📞 4006669840

⛲ 第四次世界妇女大会纪念公园(2公里内)

🛒 庙城商圈(1公里内)

"北京市果脯厂"是由开国将军张爱萍亲自提词，采用大理石制作，由5块1.2米×0.8米的大理石组成。

平谷区博物馆

Museums in Pinggu District

平谷区上宅文化陈列馆

Pinggu District Shangzhai Cultural Exhibition Hall

历史文化类
Historical Culture

免费
Free

上宅文化陈列馆是我国第一所以考古学文化命名的博物馆，也是北京地区第一座新石器文化陈列馆。1987 年 10 月上宅文化陈列馆破土动工，1989 年 9 月 27 日作为向国庆四十周年献礼项目对外展出。

1999 年 4 月，上宅文化陈列馆在平谷县委、县政府的庄重命名下，成了"平谷县爱国主义教育基地"。随后，在 2001 年 12 月，这一文化圣地受到了北京市人民政府的赞誉，被命名为"北京市爱国主义教育基地"。这些荣誉，彰显了上宅文化陈列馆深厚的文化底蕴和教育价值。

随着学术研究的日益深入，上宅文化的独特特征和丰富内涵也逐渐展现于世人面前。正如著名地理历史学家侯仁之教授所言"西有周口店龙骨山，东有上宅，东西文化遥相辉映，珠联璧合，填补了北京史的空白"。这一赞美之词，不仅凸显了上宅文化在中国历史文化中的重要地位，也揭示了其与周口店龙骨山文化遥相呼应，共同构筑了北京乃至中国古文化的辉煌篇章。

📍 北京市平谷区金海湖镇上宅村南
Shangzhai Village South,
Jinhaihu Town, Pinggu District,
Beijing

🕐 **09:00-16:30**
16:00停止入馆
每周一例行闭馆

📞 010—69991268

⛰ 北京平谷金海湖风景区（1公里内）

📄 北京金海湖国际会展中心（1公里内）

陶塑猪头

陶塑猪头是一个栩栩如生的野猪形象。它也是目前我国出土年代较早而造型较精真的一件工艺品。

平谷区博物馆
Pinggu Museum

历史文化类 Historical Culture　　**免费** Free

平谷区博物馆坐落于平谷迎宾环岛西部，占地面积 25753 平方米，建筑面积20780 平方米。馆内设有平谷通史、平谷民俗、世纪阅报、平谷规划 4 个常设陈列及 2 个临时展厅。是集收藏、保管、修复、展示，举办学术报告、科普宣传、文化交流于一体的综合性博物馆，全面展示平谷悠久的历史文化、光荣的革命传统、独具特色的民俗文化、自然地理以及各类艺术作品。平谷区博物馆馆藏史前时期、商周、春秋战国、汉唐、辽金元、明清时期大量珍贵文物，展览陈列以平谷地区出土文物及馆藏珍贵报刊为基本素材，借鉴京津冀博物馆的成功经验，形成具有平谷特色的现代化展陈——"平谷通史""平谷民俗""世纪阅报""平谷规划" 4 个基本陈列，共展出馆藏文物 1273 件套。

📍 北京市平谷区渔阳街道体育中心西路3号院2号（岳各庄桥西200米路北）
No. 2, Courtyard 3, Sports Center West Road, Yuyang Street, Pinggu District, Beijing (200 meters west of Yuegezhuang Bridge and north of the road)

🕐 **09:00-17:00**
16:30停止入馆
每周一例行闭馆

📞 010-60953115

📄 平谷区科技馆（1公里内）
平谷区体育中心（500米内）

双鱼纹铜镜

双鱼纹铜镜，金代。主纹为双鱼戏水，两条鲤鱼头尾相衔，双鱼长背鳍，鳞鳍清晰，形象生动逼真。衬底布满水曲纹，浪花起伏。此镜图案采用高浮雕手法，构图丰满，纹饰线条均匀精密，生动地再现了双鱼在水中畅游的场景。

*华东提琴文化陈列馆

Huadong Violin Cultural Museum.

　　华东提琴文化陈列馆坐落在有着中国"提琴之乡"美誉的平谷区东高村镇,隶属于北京华东乐器有限公司,落成于2018年,为欧式经典教堂式建筑风格。馆名由我国著名小提琴演奏家盛中国老师题词。展厅面积750平方米,设有"提琴历史""提琴工艺流程""提琴工作室""当代提琴"四个主题单元展,展品共计214件(套)。

　　华东提琴文化陈列馆秉持着传承世界各地提琴历史、发扬提琴工艺和传播提琴文化的理念,专注于提琴艺术品的收藏、展览、研究和教育推广,通过展览、活动和教育让参观者更深刻了解和欣赏提琴艺术,同时展示并传递工匠精神与时代精神内涵。

　　华东提琴文化陈列馆常年组织学生、游客开展参观和提琴制造体验活动。2022年,为振兴教育事业,华东提琴文化陈列室与中央音乐学院附中和北京舞蹈学院教育学院共同打造了"特色美誉基地",著名演奏家吕思清、娜木拉工作室落地东高村镇,让东高村镇焕发出新的生机。

📍 北京市平谷区东高村镇大旺务西路21号

No.21Dawangwu West Road.Donggaocun Town,Pinggu District,Beijing101200 China

🕐 08:30-11:00
13:30-16:30

📞 010-69900771 13522485899

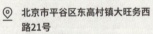

4/4 小提琴

面板:俄罗斯鱼鳞松自然风干15年
背板:德国进口五角枫木自然风干10年
琴型:斯特拉迪瓦里1716
配件:乌木指板,红木轴拉弦板和腮托,法国进口琴码,多米难特琴弦,油性漆
该小提琴在2014年俄罗斯提琴制作比赛中获得小提琴最佳音质金奖。

密云区博物馆

Museums in Miyun District

密云博物馆
Miyun Museum

综合地志类 Chorography　免费 Free

　　密云博物馆于 1991 年由县政府正式批准建制，性质为社会科学类地志性综合博物馆。自建制后至 2002 年底，为更好地发挥博物馆的功能，投资在密虹公园北侧建了密云博物馆。博物馆大楼外观为圆柱形，室内分上下两层共设两个展厅，展厅总面积 800 平方米。2003 年 1 月，密云博物馆正式向社会开放。二层展厅常年举办固定展陈"密云历史文化陈列展"，此展按历史朝代分共分新石器时期、商周战国、秦汉、隋唐、宋辽金、元明清六个部分。在展出 70 余件的实物中有石器类、化石类、各代陶器、各代瓷器、青铜器、铁器、各代古钱币等。同时展出了陶乳鬲、牛角化石

等实物，参观者可大饱眼福。2015 年 1 月，密云博物馆与密云县文物管理所正式分割。2015 年至今，在该展厅共举办 30 余个展览，每期展览都是按照当今社会的发展趋势，牢牢把握正确的意识形态，以弘扬民族文化、红色文化为宗旨，让学生和更多观众了解和认知密云博物馆而举办的。

📍 **北京市密云区西门外大街2号**
No. 2 Ximenwai Street, Miyun District, Beijing

🕐 **08:30-12:00**
11:30-13:30停止入馆
13:30-18:00
17:30停止入馆
法定假日另行通知闭馆时间

📞 010-69053677

🏞 密虹公园（1公里内）
飞鸿世纪园（1公里内）

📄 果园街道文化广场（500米）

原始野牛角化石

该化石密云县巨各庄镇蔡家洼出土，更新世晚期，牛角长 2.5 米，重 30 公斤，据专家推测：牛的身长是牛角的 5 倍。此牛角化石是在华北地区同类化石中，体积最大、保存最完整的化石。

*北京传统插花博物馆

Beijing traditional flower arrangement museum

艺术类 Art | ¥ 收费 Charge

北京传统插花博物馆，是一家以传承弘扬中国传统文化艺术为核心业务的机构，位于密云区双燕路十里堡镇政府西侧，是"中国传统插花"和"插花撒技法"非物质文化遗产密云区传承基地。

北京传统插花博物馆，是国内第一家以"传统插花"为主题的类博物馆，占地5000多平方米，环境优美，设备齐全，能满足多种功能活动需求。馆内设有：传统插花博物馆1个、多媒体放映厅1个、互动教学课堂2个、活动场地2个。

博物馆长期聘请"传统插花"和"插花撒技法"非遗项目代表性传承人、中国插花花艺大师张超先生担任总顾问，聘请国内知名插花花艺专家20余人担任客座教师，并自有国家认证高级插花师及讲师等4人。

馆内藏品共计208件，图文并茂地展示出中国传统插花从春秋战国至今成为国家级非物质文化遗产3000年来的历史，博大精深的艺术内涵，精巧的制作方法成为东方插花艺术的源头与代表。馆内构建以中国传统文化主题为核心，具有展示、典藏、科研、教育、服务、文创等基本功能，是收藏插花历史文物、弘扬中国传统插花文化、展示插花艺术魅力、研究插花艺术价值的插花文化交流中心。

密云区 Miyun District

📍 北京市密云区十里堡镇政府路北双燕街北京传统插花博物馆
Beijing Traditional Flower Arrangement Museum, Shuangyan Street, Northside of Government Road, Shilipu Town, Miyun District, Beijing

🕐 09:00-17:00
17:00停止入馆
每周一日例行闭馆

📞 13801380896

花九锡

重顶帷，障风；金错刀，剪折；甘泉，浸；玉缸，贮；雕文台座，安置；画图；翻曲；美醑，赏；新诗，咏。
插花师在护花时要用双层帷幔给花遮风挡雨，在折枝时要用镶金的剪刀来剪取花枝，在择水时要用天然泉水来滋养花枝，在插贮时要用雕有精美花纹的台座来插花枝。随后，还要给插花作画记录、谱曲演奏，还要品尝美酒、欣赏插花、作诗咏唱。

延庆区博物馆

Museums in Yanqing District

詹天佑纪念馆

Zhan Tianyou Memorial Museum

革命纪念类
Revolutionary Memorials

¥ 收费
Charge

詹天佑纪念馆坐落在北京市延庆区京张铁路沿线八达岭长城风景区内，1987年11月6日建成开馆，是为了纪念中国近代科学技术界的先驱、杰出的爱国工程师——詹天佑先生所建的一座人物专题纪念馆。现为国家三级博物馆，隶属于中国铁道博物馆。

纪念馆建筑面积2800平方米，陈列面积1850平方米，展览内容分为"詹天佑与京张铁路"和"走进中国智能高速铁路新标杆——京张高铁"两个部分，以詹天佑与京张铁路历史的研究成果，以及京张高铁最新建设成就为主线，以大量馆藏的珍贵文物、特色实物展品为支撑，全面展示了中国铁路人从时速35公里到350公里的百年逐梦历程。

纪念馆始终秉承"以观众为中心"的服务理念，充分发挥博物馆"征集、保护、研究、传播"的职能，先后被评为全国科普教育基地、北京市爱国主义教育基地、北京市青少年学生校外活动基地、科学和平教育基地、党史学习教育铁路红色教育基地、全国首批科学家精神教育基地，成为宣传詹天佑和中国铁路的重要窗口。

📍 北京市延庆区八达岭特区内
Within the Badaling Special Zone of Yanqing District, Beijing

🕐 09:00-16:30
16:00停止入馆
每周一例行闭馆

📞 010-69121516

⛰ 八达岭长城（500米内）
八达岭野生动物园（1公里内）

詹天佑所获数学金质奖章

1878年詹天佑以优异的成绩考取耶鲁大学雪菲尔德理工学院土木工程系铁路工程专业。在耶鲁大学学习期间成绩优异，特别是数学课程，连续两年数学考试第一名，获金质奖章及奖学金。该奖章为三角形结构，上面刻有铭文"YALE"字样，有弯月、星星图案及字母"A"和"X"。

山戎文化陈列馆

Shanrong Culture Exhibition Hall

考古遗址类
Archaeological Site

免费
Free

山戎文化陈列馆，于 1995 年被评为北京市级文物保护单位。它是一个展示古代文物的场所，更是一部生动的历史长卷，让我们得以窥见春秋战国时期我国北部少数民族山戎部落的辉煌过往。

在这片辽阔的墓地中，墓葬被精心划分为东、西、中三大区域。考古工作者们共发掘了四百余座墓葬，出土了大量的随葬物品，包括人骨标本、棺椁木灰等。

山戎族的墓主人，他们的头朝东，脚向西，多戴有精美的佩饰，麻布覆面，展现着独特的民族风俗。在祭祀仪式中，他们使用马、牛、羊、狗的头和四肢作为象征，以表达对神灵的敬畏与祈求。出土器物中，青铜短剑及青铜刮刀是最具代表性的，它们展示了山戎族

人的工艺水平，反映了他们的生活状态与战斗风貌。

陈列馆的展厅面积达到四百平方米，这里原址原状地展示了十座发掘后的墓葬。从酋长墓到贵族墓，从武士墓到平民墓，每一座墓葬都代表了一个社会阶层，共同构成了山戎社会的完整画卷。这些墓葬的发现，极大地丰富了中国古代北方民族史和北京古代史的研究内容，为我们考察我国古代北方山戎民族的文化特征、经济形态、军事活动、社会组织结构和生产力水平提供了宝贵的科学依据。

北京市延庆区张山营镇玉皇庙村东
Yuhuangmiao Village East,
Zhangshanying Town, Yanqing
District, Beijing

09:00-15:30
15:00停止入馆
每周一例行闭馆

010-69199534

玉渡山风景区 (2公里内)

遗址出土文物 (复制品)

平北抗日烈士纪念园

Pingbei Anti-Japanese Martyrs Memorial Park

革命纪念类
Revolutionary Memorials

免费
Free

平北抗日烈士纪念园由烈士纪念碑、纪念馆、专题馆组成，是全国爱国主义教育示范基地；全国重点烈士纪念建筑物保护单位；国家级抗战纪念设施、遗址。

平北抗日战争烈士纪念碑碑阳为聂荣臻元帅题写的"平北抗日战争烈士纪念碑"，碑阴为彭真委员长题写的"平北抗日烈士永垂不朽"。

平北抗日战争纪念馆，展览面积 2500 平方米，展线达 480 米。展览主要展示 1933 年 3 月至 1945 年 9 月，平北军民反抗日军侵略的史实。

"光辉典范——抗战时期中国共产党党风廉政建设展"，展示中国共产党在抗战时期开展党风廉政建设的艰辛和取得的光辉成就。

平北抗日烈士纪念园多年来持续发挥全国爱国主义教育示范基地的红色阵地作用，积极挖掘平北红色历史，努力讲好红色故事，大力宣传平北抗战历史和抗战精神，并做好接待、宣传、研究等工作，用红色文化谱写平北地区绿色发展新篇章。

北京市延庆区张山营镇韩郝庄村
Han Haozhuang Village,
Zhangshanying Town, Yanqing
District, Beijing

08:30-16:30
16:00停止入馆

010-69191619

玉渡山风景区（2公里内）

胡瑛县长曾用墨盒

平北抗日战争纪念馆收藏了一枚直径 9.5 厘米、高 2.2 厘米、重 0.33 千克的墨盒，它曾是平北抗日根据地昌延联合县首任县长胡瑛在平北地区工作时所用的文具。胡瑛曾多次用此墨盒撰写抗日政府布告，记录着那段峥嵘岁月。

北京航空航天模型博物馆

Beijing Aerospace Model Museum

自然科技类
Natural Science

¥ 收费
Charge

北京航空航天模型博物馆始建于 1998 年，是中国首座模型博物馆，是以航空航天模型展览展示、航模飞行表演为载体的，宣传航空航天科普知识及航空航天文化普及为主的博物馆。博物馆具有军事性、知识性、参与性等特点，先后被北京市命名为"北京市爱国主义教育基地"和"北京市科普教育基地"，是开展青少年科普教育、爱国主义教育、国防教育和素质教育的重要场所。

博物馆于 2021 年 6 月迁入北京世园公园新址，作为很多国家级协会与政府机构的研学基地，开发了航空、航天、无人机、直升机、航模、军事教育、应急救援等多种科普课程体系，可为广大大中小学生及亲子家庭提供科普教育、游学教育、夏冬令营、亲子教育、直升机空中旅游、国防教育等活动。

博物馆拥有独立的空域，空域半径五公里，真高 600 米，拥有多条空中旅游航线，定期举行进行大型航模仿真表演，飞行表演、无人机机队表演等；常态化提供直升机空中旅游等活动。

延庆区 Yanqing District

📍 北京市延庆区百康路1号院北京世园公园百果园内
Courtyard 1 Baikang Road, Yanqing District, Beijing

🕘 **09:00-17:30**
每周一例行闭馆

📞 13810745707
15811066886

🏛 北京世园公园 (500米内)
紫泥春华博物馆 (1公里内)

📋 延庆区无人机科技馆 (2公里内)
中关村延庆园 (2公里内)

美国"野马"式（P－51）

美国生产的"野马"式战斗机 (P-51) 是公认的二战主力战斗机中综合性能最出色的机种之一，凭借其高水准、高速巡航性能与操控性，在高空护航任务中表现优异，成为第二次世界大战空战中的优秀战斗机，被列为历史上十大战斗机，排名首位。

北京市延庆区博物馆
Beijing Yanqing Museum

历史文化类
Historical Culture

免费
Free

  北京市延庆博物馆自 2004 年开始规划建设，2008 年正式对外开放，2016 年实施升级改造工程。现有 3 层空间、6 个展区，展陈面积 2400 平方米。整个展陈以"长城内外是故乡"为主题，分列延庆山川地貌展，延庆通史陈列和延庆民间风俗陈列三大主题展览，展出藏品近千件，珍贵图片 600 余幅，并全程佐以数字化互动展示系统，全面展示了延庆的历史文化、地质文化、生态文化、民俗文化和当代建设发展成果，为世人展开了一幅隽永绵长的妫川历史文化长卷。

📍 北京市延庆区妫水北街24号
No. 24 Guishui North Street,
Yanqing District, Beijing

🕐 09:00-17:00
16:00停止入馆
每周一例行闭馆

📞 010-69143788

🗒 延庆区科学技术馆 (500米内)
延庆区文化中心 (1公里内)

青铜铺首衔环耳钫

青铜铺首衔环耳钫：西汉，口径 10.8 厘米，高 36 厘米。出土于延庆镇西屯砖厂。方唇，长颈，肩部饰铺首衔环一对，腹部略鼓，方形足。器身刻有篆书文字。铭文"□大官容□重十六斤八两少□家"。

延庆地质博物馆

Yanqing Geological Museum

自然科技类
Natural Science

免费
Free

　　延庆地质博物馆是一座集地质科普、延庆地质遗迹、自然景观与人文风貌于一体的综合性、公益性博物馆。展厅面积 2000 平方米，展品 300 余件。博物馆通过陈列延庆地质遗迹标本、文字、图片以及采用多种电子高科技手段，全面展示了延庆世界地质公园地质科普知识、典型地质遗迹类型以及地质与文化、社会发展的关系等内容。在这里，可以追寻地球 46 亿年演化的轨迹，触摸距今 18.5 亿年至 8 亿年间形成的海洋沉积岩层，领略 1.3 亿年至 8000 万年前燕山运动的波澜壮阔，欣赏 1.5 亿年前恐龙世界的多姿多彩，感叹距今 4000 万年以来北方岩溶地貌的粗犷雄浑，品味妫川大地奇特地质景观，如画自然风光与厚重文化积淀的完美结合。全馆一层有序厅、地球科学厅、地质遗迹厅三个展厅，二楼有地质遗迹和文化遗产厅、地质遗迹国际对比厅和今日延庆三个展厅，共六个展厅组成。馆内展有多种岩石标本，及延庆本地硅化木，重庆綦江地质公园、希腊莱斯沃斯石化森林地质公园所赠硅化木等珍贵展品。延庆位于城中心附近，交通便利。

📍 **北京市延庆区妫水北街72号**
NO. 72 Guishui North Street,
Yanqing District, Beijing

🕐 **09:00-16:30**
16:20停止入馆
每周一例行闭馆

📞 010-81193303

⛰ 夏都广场 (500米内)

📄 规划展览馆 (500米内)

硅化木

延庆的硅化木主要产于晚侏罗世土城子组二段地层中（约 1.5 亿年前），最长的木化石达 15 米多，横卧在山坡上。延庆硅化木最大的特点是原地埋藏、原地保存，目前千家店园区所发现的硅化木共有 57 株，其中带有树枝的硅化木，非常稀少。

经济技术开发区博物馆

Museums in Economic-technological
Development Area

*中粮可口可乐(北京)博物馆

World of Coca-Cola

中粮可口可乐(北京)博物馆始建于2004年，于2005年落成开馆。属于非国有组织。占地面积约1200平方米，建筑面积约800平方米，总投资约400万元，为非文物建筑风格。馆藏品300余件套，以可口可乐历史纪念品为收藏特色。于2022年入选并获得北京市首批"工业旅游示范点"称号，2023年入选"北京市类博物馆"。

中粮可口可乐(北京)博物馆馆内设有可口可乐历史区、可口可乐北京区、视频播放区、可口可乐与奥运区、可持续发展区、环保及直播区、礼品售卖区、中粮产品展示区等8个展厅。全方位对工业生产、工艺流程、建筑景观、科技成果、工业遗产等内容进行了充分展示。

中粮可口可乐(北京)博物馆每年接待参观超20000人次，提供观众接待咨询服务、场馆介绍及导览图，场馆设有触摸屏和视频播放设施，能够向观众系统地介绍场馆的各类信息。

📍 北京市经济技术开发区荣京东街9号
No.9, Rongjing East Street, Beijing E-Town, Beijing

🕐 10:30-11:30
14:00-17:00
(仅接待团体预约)
17:00停止入馆
周六日及法定节假日例行闭馆

📞 010-67813399

⛰ 博大公园 (2公里内)

可口可乐景泰蓝工艺鼎

可口可乐景泰蓝工艺鼎由北京琉璃厂于1999年制作而成，后赠予中粮可口可乐饮料(北京)有限公司。

鼎是中国极为鲜明的传统文化符号，代表着鼎盛、诚信、威严等诸多文化内涵。可口可乐景泰蓝工艺鼎是在传统"后母戊"大方鼎的基础上，采用中国传统景泰蓝工艺制作而成，是中西文化融合的经典之作。